KB039528

푸른 바이러스의 습격

우주감기

영화가 읽어주는 우울증

푸른 바이러스의 습격
우주감기

·**초판 1쇄 발행** 2020년 12월 10일

·**지은이** 앤디 황 & 이신애
·**펴낸이** 민상기
·**편집장** 이숙희
·**펴낸곳** 도서출판 드림북
·**인쇄소** 예림인쇄 **제책** 예림바운딩
·**총판** 하늘유통(031-947-7777)

·**등록번호** 제 65 호 **등록일자** 2002. 11. 25.
·경기도 의정부시 가능1동 639-2(1층)
·Tel (031)829-7722, Fax(031)829-7723

· 잘못된 책은 교환해 드립니다.
· 이 출판물은 저작권법에 의해 보호를 받는 저작물이므로 무단 복제할 수
  없습니다.
· 독자의 의견을 기다립니다.
· 드림북은 항상 하나님께 드리는 책, 꿈을 주는 책을 만들어 갑니다

푸른바이러스의 습격

우주감기

앤디 황 / 이신애

영 화 가 읽 어 주 는 우 울 증

드림북

차 례

프롤로그

코로나 바이러스로 인한 전세계적 팬데믹으로 사회 생활이나 삶에 많은 제약이 생기면서 지금은 누구도 우울증으로부터 자유롭지 않게 되었다. 바이러스 전파를 막기 위해 개인의 권리는 침해당하고 사회 속 갈등을 피할 수 없는 상황에서 가정 불화와 가정 폭력이 증가하고 있다는 우울한 뉴스를 피할 수도 없다. 게다가 집단 감염 확산에 대한 불안은 계속 증가하고 경제는 악화되고 있는데 종교와 의료계의 갈등까지 더해져 사람들의 일상과 생업은 위협받고 있다. 우울과 불안은 그저 단순한 기분의 변화로만 볼 문제가 아니기에 정부 차원에서도 코로나 우울증에 대해 상담을 지원하고 있다. 그런데 우리는 앞으로도 바이러스와 계속 공존해야 한다는 사실, 사람을 전처럼 접촉할 수 없다는 사실, 개인의 일상과 사회가 코로나 이전으로 돌아갈 수 없다는 사실을 받아들여야 한다. 그래도 누군가는 잘 버텨내는 듯이 보이지만 그렇지 않은 사람들도 있다.

사실 현대인에게 우울증은 이미 감기처럼 낯설지 않은 것이 되었다. 마음이나 정신의 문제라고 생각했던 우울증을 최근 뇌과학에서 규명하고 약물치료의 효과를 입증하거나 반대로 논란이 되기도 하는 등 그 치료에 대한 의견이 분분하다. 내 가족이나 가까운 지인 중 누군가 혹은 힘든 인생을 살아오면서 스스로가 우울증에 빠진 경험이 있는가? 유명인들 중에서도 우울증을 앓고 있다고 밝히기도 하고 혹자는 극단적 선택을 하기도 하면서 우울증은 알려지고 우리 곁으로 스며 들어왔다. 우울증은 이처럼 유명한 사람이든 평범한 사람이든 걸릴 수 있는 흔한 질병이고, 부유하거나 가난하거나, 나이가 많거나 적거나, 남녀노소 상관없이 누구에게나 찾아올 수 있다.

나 자신에게 갑자기 우울증이 찾아오거나 가족이나 친구 중에 누군가 우울증에 걸리면 어떻게 할까? 우리는 우울증과 사람을 어떻게 이해하고 있는가? 인터넷에도 많은 정보가 있고 심리상담이나 정신과도 있다는 것을 알고 있지만, 어떤 것으로 사람을 이해할지 선택하는 것은 오롯이 당사자의 몫이다.

우울증의 단면을 보여주고 관계와 삶의 일상을 함께 그려 사람을 이해할 수 있게 하는 도구로 영화가 있다. 영화 속에서 우리는 우울하고 아파하는 친구의 모습을 발견하거나 앞으로 한 발짝도 나아가지 못하는 가족의 얼굴을 볼 수도 있을 것이다. 또는 아무에게도 말하지 못했던 자신의 우울감을 거울을 보듯 마주할 수도 있을 것이다. 이 책은 6편의 영화를 통해 우울증을 한 걸음 떨어져서 바라보려고 한다.

영화 속 주인공들의 우울증상은 정신질환 진단 및 통계 편람 5판

(DSM-5)에 비추어 살펴볼 것이다. 여기 선정된 영화는 우울증 자체를 묘사한 것도 있지만 우울증의 원인이 되는 트라우마, 상실, 관계의 어려움, 가족 내의 문제 등을 드러내 보여준다. 때론 불편하고 겁이 날 수도 있는 상처와 폭력, 무너진 자기감, 깨어진 관계의 모습을 숨기지 않고 보여줄 것이다. 우울증의 영화 속 묘사를 글로 풀어낸 이 책의 목적은 영화로 우울증 자체를 정의하고 누군가의 복잡한 마음을 쉽게 판단하고자 함이 아니라 이론으로 알려진 우울증의 단면에 관한 실제적인 표현을 보고자 함이다. 공감되는 부분도 있을 수 있고 예상치 못한 표현도 있을 수 있다. 외국에서는 영화 속 정신질환이나 관련 캐릭터의 묘사는 심리학자의 자문을 받아 부정확한 묘사로 인한 편견과 오해를 일으키지 않도록 하고 있다(L.E.A. Walker 외; Gregerson, 2010). 그러나 영화는 정확한 진단을 보여주기 위한 것이 아니라 근본적으로 엔터테인먼트를 위한 것이기 때문에, 이 책은 영화라는 거울로 비춰주는 것일 뿐 정확한 진단과 치료는 전문가의 도움을 받아야 한다. 혹여 우울한 마음으로 지내고 있다면 잠시의 위안으로 버티지 말고, 이해 받는 것으로 만족하지 말고 전문가를 찾아가 보기를 바란다.

우울하고 힘들어하는 사람에게 우리는 '힘내'라고 말한다. 좋은 의도로 위로와 격려 차원에서 진심으로 걱정하며 건네는 말이지만 때로 우울증은 작은 격려의 말조차 버겁게 느끼게 만든다. '힘내'라는 말도 버거울 때, 그 땐 어떻게 해야 할까? 상처 준 사람은 기억도 못하고 잘 살고 있는데 상처받은 나는 끔찍한 기분 속에서 헤어나오지 못하고 있을 때, 혹은 어느 누구의 잘못도 아닌데 억울하고 슬픈 감정이 사라지지 않을 때, 좋은 마음과 관심을 받는데도 마음이 따뜻해지지 않을 때, 홀로 버티고 버티다 그만 기력이 다 소진되었을 때, 계속되는 괴로움 속에서 내 마음이 천근 만근일 때… 그럴 땐 힘내지 않아도 괜찮다. 그럴 땐 그냥 내 마음을 읽으라고 펼쳐 주어야 한다. 영화를 통해 그 마음을 읽어보자.

우울해하는 사람을 바라보는 것만으로도 마음이 무거워지고 괴로워서 회피하고 싶을 수도 있다. 우리는 모두 연약한 존재인데 무슨 도움이 될까하고 무력하게 느껴져 손 내밀어 도와줄 엄두조차 안 나더라도 사람은 사람들 속에서 더불어 살아가야 한다는 사실은 아무리 코로나 시대라 해도 변하지 않는다. 그러니 힘내야 할 사람은 주변 사람들이다. 특별한 무언가를 하지 않더라도 마음으로 이해하고 지지한다는 것을 보여주고 늘 곁에 있어주어야 한다. 이해한다는 것은 함부로 판단하지 않는 것이다. 쉽게 말하기 전에 경청하고 생각해보자. 그게 무엇인지 나는 정말 알고 있는지, 그 감정이 어떤 느낌인지 나는 과연 알고 있는지….

우울증을 다룬 이 6편의 영화는 감정 스펙트럼의 극한과 상상을 뛰어넘는 맥락과 우리가 배워야 할 따뜻한 말들, 왜곡되고 무너진 인간상과 관계의 사례, 결코 괜찮아지지 않는 트라우마까지 읽어준다. 이로 인해 우울증과 사람의 마음을 이해하는 데 이르기를 바라며 영화를 소개한다.

함께 비교하여 살펴볼 수 있는 영화를 두 개씩 묶어 3부로 구성하였다. 1부의 첫 번째 영화는 우울증에 걸린 사람의 마음 상태, 증상, 회복하는 과정을 상세히 보여주는 일본 영화 〈츠레가 우울증에 걸려서ツレがうつになりまして。〉(사사베 키요시Kiyoshi Sasabe, 2011)이다. 우울증에 걸린 한 사람에게 렌즈의 초점을 맞춰 마치 현미경으로 들여다보듯 우울증을 세밀히 살펴볼 수 있는 영화이다. 두 번째 영화는 그와 반대로 어마어마한 스케일에 고도의 상징과 은유로 깊은 철학적 고찰을 담아낸 〈멜랑콜리아Melancholia〉(라스 폰 트리에Lars von Trier, 2011)이다. 이 두 영화는 묘하게 대조적인데 첫번째 영화가 한 사람을 비추는 현미경 렌즈라면 두 번째 영화는 우주를 비추는 망원경 렌즈이다. 어떻게 망원경으로 우울증을 본다는 것인지 생각만해도 우리의 상상을 뛰어넘는 통찰임을 알 수 있다.

2부를 구성하는 세 번째 영화는 상실의 트라우마로 인한 우울증을 보여주는 가슴 아픈 영화 〈레인 오버 미Reign Over Me〉(마이크 바인더Mike Binder, 2007)이다. 개인을 넘어 미국을 트라우마에 빠트린 국가적 재난이었던 911테러의 상처로 인한 우울 증상을 가족을 모두 잃은 한 남자를 통해 보여준다. 네 번째는 병으로 사랑스러운 딸을 잃은 한 아버지의 모습을 보여주는 영화 〈나는 사랑과 시간과 죽음을 만났다Collateral Beauty〉(데이빗 프랭클David Frankel, 2016)이다. 이 두 영화는 재난과 불치병 등 불가항력적 트라우마로 인한 우울증을 보여주는데 인간의 무력함에도 불구하고 사람이 줄 수 있는 적절한 도움과 치료를 창의적으로 생각하게 하는 영화이다. 둘 다 상실과 애도를 묘사하고 있으며 결과적으로 해체된 가족의 모습을 보여준다. 가족을 한꺼번에 모두 잃은 찰리와 딸을 잃은 후 아내와도 남이 되길 바랐던 하워드를 통해 가족의 의미를 돌아볼 수 있다.

3부의 다섯 번째 영화는 학교 폭력으로 인한 우울증과 자살을 다룬 한국영화 〈우아한 거짓말〉(이한, 2013)이다. 이 영화는 우울증 자체에 대한 묘사는 적지만 자살을 선택한 사람의 메시지, 남은 사람들의 상실감과 각 사람의 대처하는 방식을 그리고 있는데, 현재 한국에 만연한 학교 폭력에 초점을 두고 우울증을 보여준다는 데 의의가 있다. 여섯 번째 영화는 사고로 동생을 잃고 가정 폭력과 죄책감에 시달리는 주인공의 우울감이 영화 전반에 흐르는 한국 영화 〈누나〉(이원식, 2012)이다. 둘 다 폭력과 죄책감, 그리고 청소년의 우울증을 다루고, 또 둘다 상처를 봉합하고 치유하려는 의도적인 결말을 보여준다는 공통점이 있다. 또한 대조적으로 이 두 영화는 가족을 잃은 상실감에 대한 상반된 반응을 보여준다.

6편의 영화는 주인공의 우울을 묘사하면서 동시에 가족의 역할과 의미를 암시적으로 그리고 있다. 따라서 각 주인공의 우울 증상 및 원인

등을 살펴보는 동시에 가족의 지원을 분석해보았다. 가장 가까운 가족은 우울증의 발현과 재발에 관련이 깊고 우울증을 앓는 본인 다음으로 가장 힘든 사람일 수 있기 때문에 환자 가족에게 영화 속 가족의 지원 및 모델링은 참고할 수 있는 좋은 텍스트가 될 수 있다.

4부에서는 정신질환의 진단과 치료에 대한 논란과 DSM-5에 대하여 간략히 다루었다. 우울증에 관심이 있고 치료법을 알고 싶어하는 독자들이 쉽게 이해할 수 있도록 치우치지 않은 정보를 대략적으로 소개하기 위한 것이다.

영화를 통해 볼 수 있는 것은 무한하다. 영화에는 사람이 있고, 관계가 있다, 스토리가 있고 각 사람의 내러티브가 있다. 삶과 죽음, 기쁨과 슬픔, 상처와 치료 등 인간이 경험할 수 있는 모든 것이 아니 인간의 경험을 넘어서는 것들이 들어있는 것이다. 상상 속에서만 존재하는 것들이 눈 앞에 펼쳐지면 우리에게 어떤 생각들이 떠오르고 우리 마음은 어떤 역동으로 소용돌이 치게 될까?

영화는 이렇게 우리의 상상의 지평을 넓혀준다. 때로 상담이나 코칭에서 우리는 과거의 다른 삶을 가정하거나 미래의 나의 삶을 상상하게 되는 경우가 있다. 그런 상상을 어려워하는 사람들도 있는데 영화는 시간여행도 가능한 세계를 그려준다. 물론 나의 상상과는 다르겠지만 때론 다른 사람의 상상을 보는 것도 필요하다. 그렇게 영화는 스크린을 통해 우리와 상호작용하며 우리 안에 어떤 역동을 불러 일으킨다.

여기 선정된 영화는 상상할 필요가 없는 일상을 그린 것도 있고 듣도 보도 못한 것에 대한 상상을 그린 것도 있다. 이제 영화 속 상상의 나래에 몸을 맡기고 그 렌즈 속으로 들어가 우울증을 만나 보자.

※각 장에는 일반인 독자를 위해 영화치료 전문가 비르기트 볼츠Birgit Wolz의 영화치료적 접근을 '마음 돌보기' 페이지에 워크북 형태로 제공한다. 전문가들이 참고할 수 있는 이론으로는 필자들의 역서 [영화, 심리학과 라이프 코칭의 거울](메리 뱅크스 그레거슨 편저, 2020)을 추가자료로 추천한다.

※우울장애에 대해 DSM-5에 기술된 전문적인 내용은 이 책의 부록에 간략히 정리하였다.

1부
개인과 우주

1장 우주감기

〈츠레가 우울증에 걸려서〉

개요 : 드라마 | 일본 | 121분 | 2011

감독 : 사사베 키요시

출연 : 시카이 마사토(츠레, 미키오), 미야자키 아오이(하루)

등급 : 전체관람가

이 책의 제목인 우주감기라는 표현은 이 영화에서 나온 것이다. 흔히 우울증을 마음의 감기라고는 하지만 실제로 우울증을 겪은 사람들은 그것이 감기처럼 가볍지 않다는 것을 알 것이다. 그게 어떤 힘듦인지 이해하지 못하는 사람들은 감기처럼 며칠 버티면 쉽게 나을 수 있는 가벼운 병으로 취급할 수 있기에 이 영화에서는 '우주감기'라고 했을지도 모르겠다. 우울증이 우주감기라면 그 병의 원인과 증세와 회복 과정을 지구인은 이해할 수 없다는 뜻이 된다. 그렇다. 걸려 보지 않은 사람은 결코 알 수 없는 것일 수도 있다. 그래서 우리는 너무 쉽게 그들을 아프게 하는 말들을 쏟아내고 그들을 가볍게 취급하고 있는지도 모른다.

이 영화는 우울증에 걸린 남편과 그를 지지하는 아내가 함께 우울증을 극복해가며 성장하는 이야기이다. 영화는 우리 곁에 있을 법한 성인 남자의 우울 증상을 세세하게 구체적으로 보여주며 회복하는 과정을 희망적으로 그리고 있다.

츠레(남편)인 미키오(사카이 마사토 분)는 외국계 소프트웨어 회사 고객지원센터에서 근무하는 평범한 회사원이다. 항상 반듯하고 꼼꼼해 모든 게 정돈되어 있는 사람이자 만화가인 아내 하루(미야자키 아오이 분)를 뒷바라지하며 편하게 그림에 집중하는 삶을 주고 싶었던 남자다. 아내는 늦잠을 자고 츠레는 스스로 점심 도시락을 싸고 아내의 아침 식사를 식탁에 차려 놓고 출근을 한다. 냉장고에는 요일별로 먹을 치즈를 구분해 담아 라벨을 붙여 놓았고 요일마다 매는 넥타이도 정해 놓았다. 그러던 어느 날 전과 달리 기운도 없고, 도시락을 쌀 의욕도 없고, 도시락을 먹을 입맛도 없고, 머리카락은 뻗친 채 출근길을 나서다 멍하니 쓰레기통을 바라보고 서 있게 된다. 늘 다니던 출근 길인데 유난히 만원 전철도 힘들게 느껴지고 일도 능률이 오르지 않으며 고객에게 화가 나고 자기 이름이 잘못 쓰인 것도 거슬린다. 그러나 다음 날도 또 그 다음 날도 일상을 버티며 살아가지만 갑자기 늘 하던 모든 일과를 더 이상 할 수 없게 되고 손에 과도를 든 채 죽고 싶다는 생각을 하는 자신을 발견한다.

츠레는 우울증 진단을 받고 처방받은 약을 복용하면서 계속 회사를 다니는데 별로 차도는 없다. 식욕도 없고 잠드는 것도 어려운 날이 지속되자 아내 하루는 당장 쉬라고, 일을 그만두라고 한다. 일을 그만두지 않으면 이혼하겠다고 으름장을 놓자 츠레는 사표를 제출하지만 인수인계할 시간을 더 견뎌야 했다. 옆자리 동료는 츠레를 배려하며 스트레스 받지 않도록 고객 전화를 대신 받아주기도 하며 마음을 써준다. 그렇게 당장은 아니었지만 차차 일을 정리하는 시간을 가진 뒤 츠레는 회사를 나온다. 마지막으로 출근하는 날 아내는 출근길에 동행한다. 만원 전철 안에서 아내는 그동안 남편이 얼마나 힘들게 다녔는지 깨닫고 남편에게 고맙다고, 츠레는 정말 대단하다고 말하자 남편은 그 자리에서 큰 소리로 운다.

드디어 집에서 생활하게 된 두 사람, 남편은 무력감과 통증과 싸우며 자신에게 집중한다. 늘 완벽하고 빈틈없는 남편에게 갑자기 주어진 긴 시간, 낮에는 잠을 잘 수 없다는 남편에게 아내는 뒹굴거리는 법을 알려준다. 그러나 열심히 일하는 사람들과 자신을 비교하며 낮에도 쉬고 있는 자신을 비난하고, 조금 지나서는 하루종일 잠만 자는 등 츠레의 우울증은 좋아지다가 나빠지기를 반복하고 그렇게 달라진 츠레를 보며 아내 하루는 매일 일기를 쓴다. 하루는 근근이 연재를 이어오다 근래에 퇴출된 만화가였는데 생활이 어려워지자 필사적으로 일을 구하게 된다. 다행히 우울증 경험이 있어 그녀의 그림을 따뜻한 눈으로 봐주는 편집자를 소개받아 자기계발서의 일러스트 작업을 맡게 되어 일에 자신감을 가지게 된다.

가족들이 찾아온다. 형이 와서 어려서부터 작은 일에 신경을 썼던 동생의 성격을 나무라며 격려랍시고 가족을 생각해서 힘내라고 말하고 돌아간 뒤, 츠레는 이불을 뒤집어쓰고 펑펑 운다. 아내의 부모는 두 사람을 조용히 지지해준다. 운영하는 이발소에 어려서부터 단골이던 하루 또래의 청년이 우울증으로 직장을 그만두고 고향에 돌아와 밝은 모습으로 이발을 하고 돌아간 뒤 자살한 일을 겪고 더 조심스럽다. 이해하고 지지하는 가족의 좋은 모범을 보여준다.

약이 효과가 있었는지 조금씩 조금씩 기분이 밝아지고 있던 츠레는 어느날 아내가 마감에 쫓겨 무신경하게 짜증을 내며 대하자 충동적으로 자살을 시도한다. 다행히 아내가 빨리 발견하여 막을 수 있었고 츠레에게 사과를 하였다. 그렇게 1년이 넘는 시간을 보내며 아내의 지지로 츠레는 점점 회복되고 있었고 아내 역시 그와 함께 성장하고 있었다. 츠레는 결혼식 동창회에 2년만에 참석하여 우울증에 대해 이야기를 한다. 두 사람은 힘든 시간에 깨달은 것을 나누며 이제 진짜 부부가 되었다고 고백하여 사람들의 심금을 울린다. 두 사람은 우울증을 수용하게 된 부부의 이야기를 책으로 펴내게 되고 츠레는 우울증 경험에 대한 강연 요청을 받는다. 강연 후 질문을 받을 때 한 사람이 손을 든다. 그 목소리는 고객센터에서 일하던 츠레에게 자주 불만전화를 걸어 가장 그를 괴롭혔던 고객의 목소리였다. 그는 이런 책을 만들어 주서서 정말 고맙다고 하며 웃는 얼굴로 그 자리를 떠난다. 영화의 마지막 장면, 츠레와 하루는 마루 끝자락에 앉아 차를 마신다. 과거를 회상하며 자살 시도했던 일로 농담을 하면서 희망적인 따뜻한 결말을 보여준다.

주인공의 우울증에 영향을 미친 요인

하나, 주인공 미키오는 과도한 업무에 대한 압박감과 스트레스가 있었다. 같이 일하던 동료들이 구조조정으로 나가는 것을 본 충격과 그로 인해 늘어난 업무, 자신도 그렇게 쓸모 없는 사람이 될까 봐 두려운 마음과 함께 예전 동료들에게 미안한 만큼 더 열심히 일해야 한다는 압박감이 그에겐 스트레스였을 것이다. 그리고 고객의 불편 사항을 전화로 응대하며 감정노동에 시달렸다. 일을 그만두고도 전화 통화를 어려워할 정도로 두려움을 느끼게 되었다.

둘, 그의 성격은 꼼꼼하다 못해 강박적이며 책임감이 강하고 가족이 인정할 정도로 예민하다. 요일별 넥타이와 치즈의 라벨에서 볼 수 있듯이 매사가 계획되고 정돈되어 있어야 하는 성격이다. 사직서를 쓸 때도 글씨의 줄이 맞도록 자로 1cm씩 칸을 표시할 정도다. 깨끗한 앞치마를 두르고 스스로 밥을 하고 정갈한 도시락을 싸고 아내의 아침을 차리고, 회사에서도 자기가 맡은 일은 반드시 자기가 해야 하는 성실한 사람이다. 심지어 아내에게도 연재 마지막회까지 잘 그려야 한다고 신경을 쓰며 조언을 한다. 조심스럽고 예의바른 그의 성격은 심지어 약국에서도 두 손으로 처방전을 건네고, 우울증에 걸려서 미안하다고 아내에게 고개를 숙이며, 친절한 말투로 고객을 응대하는 것으로도 알 수 있다. 다른 사람에게 민폐가 될까봐 늘 신경쓰지만 정작 고객들은 그에게 불만을 쏟아내다 보니 감정 소모가 컸을 것이다.

DSM-5에 비춰 본 주인공의 우울 증상

1. 우울한 기분으로 매사에 의욕이 없어지고 기운이 없다. 퇴근하는 모습도 어깨는 축 처져 있고 고개는 숙인 채 오다가 아침에 버린 쓰레기가 치워진 빈 쓰레기통을 또 멍하니 바라본다. 하루가 부부관계를 원할 때도 그럴 기분이 아니라고 하면서 밀어낸다.

2. 눈에 띄게 모든 활동에서 흥미와 즐거움이 감소한다. 아침에 늘 하던 일이지만 도시락을 싸는 것도 힘들어하고 회사에 가서도 일을 힘겨워하며 스트레스를 받는 듯한 모습이 보인다. 아내가 코미디 프로를 보며 웃고 있을 때도 방에서 혼자 헤드폰을 쓰고 좋아하는 음악을 듣지만 즐거운 표정이 아니다. 인상을 쓰며 등이 아픈 걸 참고 있다.

3. 상당한 식욕의 감소를 보인다. 키우는 이구아나가 잘 먹는 모습을 보고 부러워하면서 점심시간에 식욕이 없다며 도시락을 먹지 않고 동료에게 준다. 점심도 안 먹었는데 저녁식사 역시 식욕이 없다고 안 먹는다. 우울증 진단 후 아내는 그동안 츠레가 맛을 잘 구별하지 못하고 입맛이 없다고 했던 것을 기억해낸다.

4. 수면 장애로 아침에 눈이 빨갛다. 초반엔 불면증으로 쉽게 잠을 이루지 못하다가 회사를 그만두고 집에서 지내면서 나중엔 과수면증으로 바뀐다. 아침 먹고 자고, 점심 먹고 자고, 간식 먹고 자고 밤에도 잔다.

5. 정신 활동이 초조하거나 정신활동이 지연된다. 꼼꼼한 성격인데도 휴대폰을 식탁 위에 놔두고 나가거나, 머리카락이 뻗친 채 출근길에 나서는 등 외모에 무신경해진다. 출근길 전철을 도저히 타지 못하고 그냥 보낸다. 자신의 이름이 잘못 기재된 것에 예민한 반응을 보인다. 회사를 가기 전에 아내 하루에게 넥타이가 어울리는지, 머리카락은 괜찮은지 확인을 받고 손을 잡고 화이팅하며, 힘들면 조퇴해도 된다는 아내의 응원을 받고 간다.

6. 피로 또는 에너지의 손실을 보인다. 회사에서 돌아오면 소파에 쓰러지듯이 눕는 등 피로함을 많이 느낀다.

7. 무가치하게 느끼는 감정과 과도한 죄책감이 있다. 회사를 그만두고도 밤잠을 잘 못 자는 것을 괴로워하자 하루는 낮에 자라고 하지만 세상에 면목이 없어서 대낮부터 자는 것은 할 수가 없다고 말한다. 이구에게도 이런 주인이어서 면목이 없다고 하며, 하루의 만화가 잘 안 팔리는 것도 자기 탓이라고 한다. 자살 시도 직후, 나 같은 것은 없어도 아무도 곤란하지 않다고, 자기는 아무것도 못한다고 한다.

8. 죽음에 관한 생각이나 충동이 늘어난다. 칼을 들고 갑자기 죽고 싶다고 하거나, 회사 옥상 가장자리에 서서 아래를 내려다본다.

9. 자살 시도를 한다. 아내가 짜증을 내자 아내가 멀게 느껴지며 자신이 싫고, 이 세상에 존재하는 것이 견딜 수 없이 싫어진다고 느

끼며 화장실에 들어가 울다가 자살 시도를 한다.

10. 두통과 허리 통증 같은 지속적인 신체 증상으로 고통을 호소한다. 전철역 화장실에서 구토를 하기도 한다.

영화 속 치료 방법과 과정

주인공 츠레는 비교적 일찍 우울증 진단을 받고 약물 치료를 받으며 일을 쉬었다. 구체적으로 이 영화에서 묘사된 치료방법은 증상을 약으로 완화시키는 약물요법과 정신 증상을 개선시키는 심리요법 등의 전문적인 치료, 근본적인 원인을 제거하는 환경조정요법 이 세 가지이지만 제일 좋은 방법으로 휴양하는 것을 언급하며, 주변 사람들의 지지, 반려동물의 존재 등도 치료에 도움이 된 것으로 등장한다.

1. 약물요법

죽고 싶다는 츠레의 말을 들은 아내 하루는 병원에 가라고 하고, 검사를 받은 츠레는 우울증 진단을 받는다. 의사는 우울증이 '마음의 감기'라고 하며 약물치료를 권하고 츠레는 의사의 말을 따른다. 약물치료는 뇌신경화학 이론에 근거하여 뇌의 신경전달물질에 영향을 주는 약물로 치료하는 방법인데, 츠레가 약국에서 '루복스'를 받는 장면이 나온다. '루복스'는 선택적 세로토닌 재흡수저해제의 일종으로 세로토닌의 재흡수를 막아 세로토닌의 분비량을 증가시켜 우울증을 치료하는 약이다. 그러나 약물치료는 단독으로 지속적인 치료 성과를 이루기에 한계가 있어 다른 심리치료와 병행하는 경우가 많으며, 병행 치료를 할 경우 우울증 재발률을 현저하게 낮출 수 있다는 연구 결과가 있다 (박준형, 2011).

2. 심리요법 - 인지치료

약을 꾸준히 복용하면서 병원을 다닌 츠레에게 의사는 어느 날 인지치료를 병행할 것을 권유한다. 의사가 제시한 인지치료는 일기를 쓰는 것이었다. 츠레는 처음엔 일기쓰기를 어려워하지만 매일밤 잠자리에서 엎드려 일기를 쓰는 장면이 나온다. 입 밖에 꺼내어 말하지 못한 속마음을 적어 내려가며 차차 일기쓰기에 익숙해진다. 나중에 츠레는 아내 하루에게 그 일기장을 건넨다. 외부요인에 대해 습관적으로 부정적 사고를 함으로써 사건을 왜곡되게 바라보는 것이 우울증의 원인 중 하나이다(박준형, 2011). 이러한 부정적 사고로 인한 인지적 오류는 일기를 씀으로써 하루의 사건들을 객관적으로 바라보게 되어 부정적인 사고를 재구성할 수 있어 우울증 치료에 도움이 되었을 것이다.

3. 환경조정요법 - 근본적 원인 제거

츠레는 과도한 업무와 강한 책임감으로 스트레스가 심했다. 우울증 진단을 받은 츠레는 직장상사에게 본인이 우울증에 걸렸다고 말하지만 돌아온 대답은 "이렇게 바쁜데 자넨 우울증 같은 거야? 우는 소리 하지 말고 정리해고된 녀석들 몫까지 열심히 해줘" 였다. 우울증의 치료는 지속적인 관심과 지지를 필요로 하는데 직장에서는 그러한 지지를 받을 수 없었고 오히려 책망과 무시, 채찍질뿐이었다. 아내 하루는 회사 때문에 우울증에 걸린거라고 하며 과감히 직장을 그만두라고 한다. 그럴 수 없다는 츠레에게 회사가 우울증을 치료해 주냐며 그만두지 않으면 이혼이라고 하자 츠레는 그만둘 용기를 내게 된다. 이러한 아내의 배려는 우울증의 원인을 제거해 줌으로써 치료에 집중하여 우울증을 극복할 수 있게 해 주었다.

4. 주변 사람들의 지지

우울증 치료에 있어 주변 사람들은 우울증의 발현과 재발에 밀접한 관련이 있기에 보호자들의 역할은 매우 중요하다. 특히 우울증 환자는 사회적 지지를 늘리는 데 결함을 보이기 때문에 주변 사람들이 적절한 지지를 제공해 주어야 한다. 이 영화에서도 이 부분이 중요하게 묘사되며 따뜻한 격려의 좋은 모범을 보여준다. 이는 치료 방법에 따른 지침보다 진심어린 응원이 더 중요함을 느끼게 해 준다.

형이 찾아와 힘을 내서 열심히 살아야 한다고 여러 번 격려하지만 츠레는 이에 부담을 느끼고 자책한다. 형님만큼 힘을 낼 수가 없다며 이불 속으로 더 깊이 숨어버린다. 이렇듯 우울증 환자에게 힘내라는 격려는 오히려 부담을 주어 악화시키는 요인이 되기도 한다. 아내 하루는 츠레를 지켜보며 이 사실을 알았기에 그 후 아는 사람에게 반대로 격려한다. "괴로웠다면 힘내지 않아도 괜찮아요"라고 하며 단순한 격려가 아닌 그의 상황을 이해하고 공감하려는 모습을 보여준다. 이 장면은 우울증 환자에게 "힘내"보다 "괜찮아"의 공감이 더 필요하며 조용히 지켜봐주는 것이 더 필요하다는 것을 보여주고 있다.

장인 장모는 그래도 따뜻하게 지지해 준다. 경제적으로 힘들면 언제든 얘기하라고 하거나, 딸의 만화가 나오는 책에 연재를 신청하는 애독자 카드를 보낸다거나, 딸 부부를 찾아와 재미있는 얘기를 하며 사위를 웃게 해 준다. 그리고 사위를 위해 우울증에 좋은 것을 알아보고 계속 야채를 보내준다. 무엇보다 사람의 마음에 관심을 갖고 공부하게 된 것은 사위 덕분이라는 따뜻한 말로 딸을 격려한다.

이 영화에서는 우울증이라고 밝혔을 때 부정적인 반응보다는 긍정적인 반응을 보여주는 사람들이 더 많게 묘사된다. 아내에게 일을 주는 편집자나 미키오를 배려하여 전화를 대신 받아주는 동료, 결혼동창회 사람들 모두 미키오에게는 좋은 영향을 주었을 것이다.

5. 반려동물

츠레와 하루는 이구아나를 키우고 있다. 치료를 위해 키우기 시작한 것이 아니라 결혼하면서부터 함께였다. 아내 하루는 부정적 사고와 게으름뱅이로 지내던 자신이 츠레가 보살펴주고 이구아나로 인해 치유되어 만화를 그릴 수 있었다고 말한다. 반려동물도 늘 함께 지내며 삶을 공유하기에 환자의 마음과 생각에 영향을 줄 수 있다.

이 영화에서는 흔한 강아지나 고양이가 아닌 파충류 이구아나를 등장시켜 사람의 온기와 대조하고 있다. 쓸쓸함을 느끼며 괴로와하던 츠레는 자신도 파충류가 되고 싶다고 한다. 아내는 츠레의 손을 자기 가슴에 갖다 대며 파충류가 되면 이런 식의 따뜻함은 없는 거라고 말해준다.

또한 이구는 조용히 지켜보는 존재를 상징한다. 이구는 주인을 귀찮게 하지 않으면서 옆에 있어준다. 늘 기분이 동요하며 좋아졌다 나빠졌다를 반복하는 츠레와 대조적으로 동요가 없는 이구는 감정 기복이 없는 차분함을 느끼게 해준다. 이구가 츠레를 가만히 바라보거나 츠레가 이구를 조용히 안고 있는 장면에서 섣불리 격려하는 주변 사람보다 이구가 더 위로가 되었음을 알 수 있다.

우울증을 치료하며 츠레는 거북이를 새로 입양한다. 역시 파충류다. 물 속에서 꼼지락거리며 헤엄치는 작은 움직임을 귀엽다고 미소 지으며 바라본다. 후반부에 가서는 새우에도 관심을 보인다. 현미경으로 들여다보듯 츠레의 우울증을 보여주는 이 영화는 츠레를 따라 관객의 시선이 점점 더 작은 생물에게 초점을 맞추게 하며 우울증 환자를 세심하게 이해하도록 유도하고 있다.

가족의 지원

츠레 미키오는 아내의 노력으로 점차 회복된다. 자신의 경험을 이야기하는 자리에서 그는 건강할 때도 아플 때도 함께 해 준 아내에게 감사한 마음을 전했다. 아내의 노력을 찬찬히 살펴보자.

하나, 아내 하루는 우울증에 대해 공부를 한다. 원인은 무엇인지 검색해 보고 일기를 꺼내 그동안 츠레의 행동이 어땠는지 돌이켜 본다. 우울증에 관한 책을 사서 꼼꼼히 표시를 해가며 읽고 치료 방법을 알아본다.

둘, 우울증에 좋은 음식을 사온다. 친정 엄마가 우울증에 야채가 좋다고 알려주자 평소에는 안 좋아해서 잘 안 먹는 것이지만 직접 요리를 해준다. 그리고 세로토닌을 늘려줄 수 있는 달걀과 바나나, 낫또를 준비한다. 입맛이 없었지만 낫또를 좋아했던 츠레는 "이건 먹을 수 있을 것 같아"라고 하며 행복한 얼굴로 먹는다. 하루가 낫또를 싫어해서 그동안 내색하지 않았던 것이다. 또 형이 왔을 때 하루는 손님에게 차를, 츠레에게는 우울증에 좋은 따뜻한 우유를 준다.

셋, 긍정적인 반응을 보여준다. 우울증이 조금이라도 나아지는 모습을 보이면 기뻐해주고 긍정적인 말로 관심을 보여준다. 병에 걸린 것은 부끄러운 일도, 아무것도 아니라고 늘 말해준다.

넷, 츠레를 위로하는 말도 잘 해주어 츠레에게 도움을 준다. 츠레의 기분이 요동을 칠 때 "또 금방 좋아질 거예요"라고 하며 느긋한 모습을 보여준다. 맛을 느낄 수 없어 요리를 능숙하게 못하겠다고 우는 츠레에게 "나보다 완전 능숙해요"라고 위로한다.

다섯, 츠레의 입장을 충분히 이해해준다. 회사를 가는 것이 얼마나 힘들지 판단하여 회사를 그만두라고 하고, 츠레의 회사 마지막 날엔 자신도 친구를 만나러 가는 길이라며 마지막 날이니 같은 전철을 타겠다고 일찍 동행한다. 만원 전철에 시달리며 그동안 츠레가 얼마나 힘들게 회사를 다녔을지 알아주고 고맙다고 한다. 경제적으로 힘들어지는데도 아무 말 하지 않고 오히려 자신이 할 일을 찾는다.

여섯, 그런 와중에도 자신의 페이스를 잘 유지한다. 힘든 내색은 하지 않으면서 그래도 자신이 좋아하는 일을 찾아 해내려고 노력한다. 츠레가 감정 기복이 심한 자기를 맞추느라 하루까지 병이 나면 안된다고 하자 걱정말라며 츠레가 낫또를 먹어도 자기는 먹지 않을거라고 하면서 츠레의 기분이 좋던 나쁘던 흔들리지 않으려 노력한다. 매일 일기를 쓰며 스스로를 격려하고 희망을 놓지 않는다.

생각해 볼 주제 대사

1. 무기력과 자살 충동을 느끼는 츠레

츠레: (과도를 들고) "하루상, 나 아무것도 못하겠어. 나 죽고 싶어"

2. 골동품 가게 주인과 나눈 대화를 츠레에게 해주는 하루

하루: (주인의 말 이후에 독백) '금이 가지 않았다는 것에 가치가 있다..?'(소파에 쓰러진 츠레에게) "츠레, 금이 가지 않았다는 것에 가치가 있는 거예요."

3. 기분이 잠시 나아져서 주변을 의식하게 된 츠레

츠레: (거실 창문을 활짝 열고 웃으며) "하루상, 계절이 겨울이었어. 공기가 쌀쌀해서 기분이 좋군. 왠지 굉장히 기분이 좋아. 약이 효과가 있는 것 같아. 하루상, 여러 가지로 고마워." (출근하며 가벼운 발걸음으로 혼잣

말) "동백꽃인가? 예쁘구나."

4. 쓸쓸해하는 츠레와 하루의 대화

츠레: "홀로 남겨진 것 같아. 쓸쓸해. 쓸쓸함을 모르는 이구처럼 파충류가 되고 싶어."

하루: (츠레의 손을 잡아 옷 속에 넣으며) "파충류가 되면 이런 식의 따뜻함은 없는 거예요."

5. 하루와 엄마의 대화

엄마: "엄마 책을 읽고 조금씩 공부해. 인간의 마음이라는 게 참 신기해. 마음이라는 게 무엇일까 하고 이 나이가 되어 처음으로 생각했어. 이런 걸 생각하게 해준 건 미키오군의 덕택이야."

하루: "저도 최근 들어 생각해봐요. 츠레가 우울증에 걸린 원인이 없다면 우울증에 걸린 의미가 무엇일까라고"

6. 이혼하는 지인에게

하루: "괴로웠다면 힘내지 않아도 괜찮아요. 이제까지로도 충분해요. 우리 남편 우울증이에요. 그래도 나 힘내지 않기로 결정했어요. 괴로워서 큰 일이지만 힘내지 않겠다고."

7. 자살 시도를 막은 하루에게

츠레: "조금 전에 하루상이 굉장히 멀리 있는 듯이 느껴졌어. 나 자신이 싫어. 나 같은 거 없어도 아무도 곤란하지 않아. 내가 여기에 있는 것이 견딜 수 없고 싫어. 여기 있는 게 좋은 것일까?"

하루: "츠레가 여기 있는 것이 좋아요. 미안해요 츠레."

8. 자살 소동이 지나고 어느 날 새우를 구경하는 츠레를 본 다른 환자 지인(스기우라상)에게

츠레: "지금까지는 걱정을 끼친 아내를 위해서 치료되고 싶다고 생각하고 있었습니다. 하지만 이제는 나 자신을 위해서 치료하고 싶어요. 다른 사람이 아니라."

9. 츠레의 우울증을 감추지 않는 하루

하루: (일을 주지 않으려는 출판사 직원에게) "츠레가 우울증에 걸려서 일을 주세요!"

하루: (집에 와서 츠레에게) "나 지금까지 병에 대한 것 누구에게도 말하지 않았어요. 우울증은 편견과 오해가 많아서 누구도 이해해주지 않는다고 생각했어요. 이상하게 동정받는 것도 싫었어요. 하지만 틀렸던 거예요. 내가 우울증에 걸린 츠레가 부끄러워서 숨겼던 거예요. 그러니까 츠레가 우울증에 걸렸다고 말할 수 있는 나 자신이 기뻤어요. 미안해요."

10. 츠레의 부담감을 덜어주려는 하루

츠레: "지금이 여름 휴가인걸까? 어릴 땐 여름 방학에 숙제도 계획적으로 하라고 했는데, 나는 어린아이 만도 못해"

하루: "머지않아 할 수 있을 거예요. 휴식은 쉬는 게 숙제라구요."

11. 우울증을 극복하려고 노력하는 츠레

하루: (츠레를 다독이며) "무리하지 않아도 돼요."

츠레: "한 걸음이라도 좋으니까 앞으로 나아가고 싶어."

12. 우울증에 대한 책을 쓰려는 하루

하루: "나 우울증에 대한 책을 쓸 거예요. 누구나 다 있는데 어째서 모두들 알지 못할까요? 츠레의 일만 쓰진 않을 거예요. 우리들의 일을 쓸 거예요."

13. 하루의 존재로 위로를 받는 츠레

츠레: (츠레의 일기 중) '중요한 것은 항상 가까이에 있어 변하지 않는데 때때로 어디에 있는가를 알지 못한다. 자세히 보면 손이 닿는 곳에 있는 것인데 잃어버렸다고 멋대로 생각해 버린다. 나에게는 당신이 있다. 바로 곁에 당신이 있다.'

14. 우울증을 자신의 전부가 아닌 삶의 한 부분으로 수용하는 츠레

츠레: (청중에게) "제가 완치된 것은 아닙니다. 이제부터라도 이 성가신 질병과 능숙하게 알고 지낼 생각을 하고 있습니다. 사람은 누구든지 살아 있다는 것만으로 자랑스러워할 수 있다고 생각합니다"

15. 괴로운 상황 가운데서도 희망을 놓지 않는 하루

하루: (독백) '츠레는 앞으로도 이 우주감기와 계속 알고 지낼지도 모른다. 하지만 어떤 밤도 새벽이 없는 밤은 없다. 비록 새벽하늘이 흐릴지라도 밤보다는 훨씬 밝은 것이니까.'

♥ 마음 돌보기

1. 나의 감정, 나의 생각

Q1. 주인공이 보여주는 감정(예: 우울감, 무가치함, 무기력, 자살 충동)을 느낀 적이 있었나요?

Q2. 무엇이 그러한 감정을 느끼도록 하나요?

Q3. 그러한 감정들을 느낄 때 본인의 반응은 어떤가요?

Q4. 그러한 감정을 털어 놓을 수 있는 사람이 있나요?

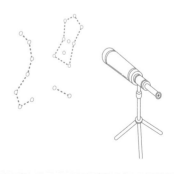

2. 모델링

좋은 모델	나쁜 모델
만원 전철을 체험한 후 남편의 수고를 이해하고 감사를 표현하는 아내의 모습 하루: "용케 이런 것에 쭉 참았네요. 이제 내일부터 타지 않아도 좋으니까요. 지금까지 고마워요. 츠레는 대단해요." 츠레: "하루에게 그런 말 들으면 나는 기뻐" **위기를 성장의 기회로 삼은 부부** 결혼식 동창회에서 하루의 고백 "이 1년은 우리에게 있어서 괴로운 한 해였습니다. 하지만 부부로서 여러가지 것들을 얻은 1년이기도 했습니다. 조금 전 결혼식 때에 읽어내려간 결혼 서약을 읽어보면 가슴에 북받치는 것이 있을 겁니다. '당신은 건강할 때에도 아플 때에도 풍요로울 때에도 가난할 때에도 이 남자를 사랑하고, 공경하고, 위로하고, 도와주며..' 이에 서약한 대로 우리는 진짜로 부부가 될 수 있었던 것 같습니다. 츠레 곁에 있게 되어 다행입니다. 츠레가 내 곁에 있어서 다행입니다."	우울증을 이해해주지 않고 함부로 상처를 주는 부장의 모습 츠레: "저 우울증입니다." 부장: "이렇게 바쁜데 자네는 우울증? 우는 소리 말고 해고된 사람들 몫까지 열심히 해." **쉽게 판단하여 섣부른 격려로 상처를 주는 형의 모습** "하루상에게도 고생시켜서 면목이 없네요. 이 녀석이 어린시절부터 작은 일에 신경을 써서 그래서 우울증 따위에 걸려버린거야 하하하… 우유든 뭐든 먹어서 하루코상을 위해서라도 열심히 해서 치료되지 않으면 안돼. 남자는 집안의 기둥이야 그래서 아무리 괴로워도 '가족을 위해서'라고 생각하며 힘내서 열심히 하는 거야."

Q1. 기억에 남는 장면이나 대사가 있다면 어떤 것인가요?

Q2. 공감이 되는 부분이 있었나요?

Q3. 자신과 비슷하다고 생각되는 등장인물이 있다면 누구이며 어떤 점이 그렇게 느껴졌나요?

Q4. 등장인물에게 하고 싶은 말이 있나요?

Q5. 불쾌한 감정을 느낀 사람이나 사물이 있었나요? 있다면 그 이유 는 무엇인가요?

3. 영화 속 상징과 은유

오랜 시간 동안 다양한 상황을 겪
었음에도 금이 가지 않아서 가치가
있는 유리병은 츠레가 힘든 상황을
잘 견디고 삶의 가치를 찾게 될 희망
을 상징한다.

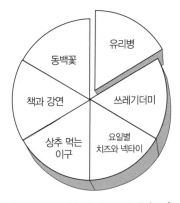

쓰레기는 츠레가 쓸모없는 존재가 될까 봐 두려워하며 무기력할 때
동질감을 느끼는 대상이다.

요일별 치즈와 넥타이는 츠레의 꼼꼼하고 강박적인 성격을 드러내는
데 성격에 따른 문제 해결 방법을 검토해 볼 수 있는 좋은 자료다.

상추를 먹는 이구는 츠레가 식욕이 없다는 것을 극대화시켜 보여주
는 상징인 동시에 우울증에 좋다는 야채를 먹고 싶어하지 않는 츠레에
게 동기부여하는 장치로도 쓰인다.

츠레와 하루는 책을 써서 우울증을 자기 삶의 일부로 수용했으며, 부끄
러워하지 않고 편견을 극복할만큼 성장하고 강해졌다는 것을 의미하는
것으로 다른 사람을 위로할 수 있어 보람을 느끼게 해준다. 완전히 치료
가 끝난 것은 아니지만 강연을 하면서 스스로도 힘이 되고 다른 사람에게
위로가 된다는 사실을 알고 보람을 느끼게 되는 긍정적 요소이다.

동백꽃은 가까이에 있지만 발견하지 못하면 느낄 수 없는 행복을 상
징한다. 이는 츠레의 모든 일상과 고통을 지지하는 하루의 소중함을

깨닫게 해주는 장치이다. 감사하는 마음을 느끼고 표현하면서 두 사람이 함께 힘을 얻었다는 것을 알 수 있다.

Q1. 영화속 상징들을 보고 어떤 느낌이 들었나요?

Q2. 츠레와 하루가 마주한 상황에 대처하는 것에 대해 어떻게 생각하나요?

Q3. 영화 관람 전과 후에 '우울증'에 대한 생각에 변화가 있나요?

Q4. 눈을 감고 영화를 다시 생각하면 머리 속에 떠오르는 어떤 이미지가 있나요?

주요 우울장애Major Depressive Disorder

주요 우울장애의 주된 증상은 우울한 기분이다. 남성은 5~12%, 여성은 10~25%정도의 비율로 나타나고 일상생활에서 우울, 슬픔, 좌절, 죄책감, 고독감, 무가치감, 허무, 절망감 등의 정서상태가 지속되어 무의미한 생활을 하게 된다. 비관적, 부정적 사고가 증폭되어 죽음과 자살에 대한 생각을 자주 한다. 판단력, 기억력 저하로 학업과 직업활동 등에 어려움을 겪으며 활력과 생기가 저하되어 피곤한 상태가 지속된다. 수면 장애와 두통, 요통 등의 신체적 증상까지 나타날 수 있다. 전문가의 적절한 치료로 호전될 수 있고 발병 이전의 생활로 돌아가는 것도 가능하다.

지속성 우울장애Persistent Depressive Disorder

주요 우울장애보다 가벼운 만성적 우울감이 2년 이상 지속되면 지속성 우울장애로 진단받게 된다. 만성적인 우울감으로 인해 자신에 대해 부적절감, 흥미와 즐거움 상실, 사회적 위축, 낮은 자존감, 죄책감, 과거에 대한 반추, 낮은 에너지 수준, 생산적 활동 감소 등으로 인해 사회생활 및 일상 생활에 심각한 부적응을 보인다. 주요 우울장애에 비해 지속될 확률이 14배나 높고, 우울 삽화 및 자살사고의 빈도도 훨씬 높다. 또 주요 우울장애에 비해 범불안장애, 외상후 스트레스장애, 강박장애 등의 타 정신장애의 공병률이 높다.

우울증 자가진단

　다음은 아산병원에서 제공한 우울증 자가진단 테스트 항목이다. 이 중에 세 가지 이상의 증상이 2주 이상 지속되면 약한 우울증, 여섯 가지 이상일 때는 심한 우울증이 의심된다. 자가진단 후 우울증이 의심되면 병원을 찾아 전문의와 자세히 상담하는 것이 좋다.

1. 사소한 일도 신경쓰이고 걱정이 많아진다.

2. 쉽게 피곤해진다.

3. 의욕이 떨어지고 만사가 귀찮다.

4. 세상일이 재미없다.

5. 매사를 비관적으로 생각하게 되고 절망스럽다.

6. 스스로의 처지가 초라하게 느껴지거나 불필요한 죄의식에 사로잡힌다.

7. 잠을 설치고 자주 깨 숙면을 취하지 못한다.

8. 입맛이 바뀌고 한달 새 5% 이상의 체중변화가 있다.

9. 답답하고 불안해지며 쉽게 짜증이 난다.

10. 집중력이 떨어지고 건망증이 잦으며 의사결정이 힘들어진다.

11. 자꾸 죽고 싶은 생각이 든다.

12. 두통, 소화기 장애, 만성통증 등 약을 먹어도 잘 낫지 않는 증상이 계속된다.

출처: 헬스경향(http://www.k-health.com)

이외에도 각 보건소나 심리상담 사이트에서 제공하는 자가진단 테스트를 쉽게 찾아볼 수 있다. 각 항목의 표현은 조금씩 다르지만 확인 결과는 다르지 않을 것이다. 그러나 이는 증상을 간단히 이해하기 위한 것이므로 정확한 진단과 치료를 위해서는 전문가의 검사와 상담을 받아 볼 필요가 있다. 햇볕을 자주 쬐고, 비타민 B, C를 섭취하라는 등 우울증을 극복하는 데 도움이 되는 여러가지 방법이 공개되어 있다. 그러나 근본적인 내면의 돌봄을 위해서는 상담 등 전문적 치료를 받으면서 그러한 노력을 병행해야 한다. 사람의 마음은 정말 섬세하다. 꼭 큰 사건이 아니어도 누군가에게는 큰 문제가 될 수 있다. 사람마다 정도의 차이가 있어 보이지만 누구나 그 내면은 조심해서 다루어야 한다. 무심한 말 한마디에도 천국과 지옥을 오가는 것이 사람이다. 모든 상황과 관계가 좋고 건강한데 단지 두뇌에서 호르몬이 부족해서 우울증이 생기는 것만은 아니다. 오랫동안 돌보지 않은 마음이 아프다고 호소하는 것이다. 또 타고난 기질이 섬세하고 감정의 스펙트럼이 남들보다 넓어서 예민하게 감정이 반응하는 사람도 우울에 빠질 수 있다. 그래서 쉽게 진단하지 않고 우울증을 바로 이해하는 것이 무엇보다 중요하다. 영화 속 주인공들의 다양한 원인과 증상을 다각도로 살펴 이해를 높이고 자신의 마음을 돌아보기를 바란다.

2장 지구의 종말보다 끔찍한 우울

〈멜랑콜리아〉

| 개요 : 드라마, SF, 미스터리, 판타지 | 덴마크 외 | 136분 | 2011
| 감독 : 라스 폰 트리에
| 출연 : 커스틴 던스트(저스틴), 샬롯 갱스부르(클레어)
| 등급 : 15세 관람가

영화 제목 〈멜랑콜리아〉는 이중적 의미를 가진 철학적인 메타포이다. 멜랑콜리아(우울)라는 이름의 행성이 지구에 충돌하는 스토리로 주인공의 우울을 그리며 종말에 직면한 인간의 불안을 드러내는 영화다. 1부는 주인공 저스틴(커스틴 던스트 분)을 중심으로 이야기를 이끌어가고, 2부에서는 그 언니인 클레어(샤를로뜨 갱스부르 분)를 중심으로 우주의 우울이 지구에 충돌한다는 상상으로 내면의 우울과 불안을 그리고자 했다. 우울증이 지구를 멸망시킬 것이라는 감독의 의도적 메시지는 우울증을 앓아본 사람의 통찰에서 나온 것이라 충분히 설득력이 있지만 우울증을 시각화한 아름다운 미장센에도 불구하고 보기에 불편할 정도로 암울한 영상은 혹평을 받기도 했다.

필자는 이 영화로 인해 우울증을 더 깊이 이해하게 되었다. 우울증으로 자살하는 사람들의 기사를 볼 때면 보통 사람들이 두려워하거나 회피하는 죽음을 맞닥뜨리고 적극적으로 뛰어드는 용기가 어디서 나는지 궁금했을 것이다. 어떤 사람들은 죽을 용기로 살라고도 한다. 이는 스스로 죽는다는 것이 큰 용기가 필요함을 누구나 알고 있으며, 왜 그렇게 큰 용기를 가진 사람들이 삶을 지속하기보다 끝내는 선택을 하는지 우리는 모른다는 의미이다.

이 영화는 그러한 의문을 끝낼 수 있다. 먼저 스토리를 보자.

영화는 매우 아름다운 장면과 음악, 감독의 철학적 고찰과 뛰어난 묘사를 담고 있지만 그 스토리는 불친절하다. 그러나 우울증 자체가 지구인이 이해할 수 없는 것이라면 이 정도의 상상력은 감수해야 하지 않을까? 1부의 주인공 저스틴Justine과 2부의 주인공 클레어Claire는 자매다. 시간적으로는 이어지지만 관점만 다르게 보여주기 위해 1부와 2부로 나누었다. 1부는 결혼식을 배경으로 저스틴의 우울에 초점을 두고, 2부는 우주에서 지구를 향해 오는 우울이라는 이름의 별, 멜랑콜리아의 상징적 의미를 배경으로 클레어의 불안에 초점을 두고 있다.

저스틴의 결혼식으로 시작하는 이 이야기는 초반에 웃는 모습의 신랑신부와 식이 오래 지연되어 지친 하객들과 결혼식을 주최한 언니 부부의 불편한 지적과 훈계로 시작한다. 결혼식이 진행되는 동안 가족들과 하객으로 온 회사 대표 잭Jack의 모습은 왜 저스틴이 우울하고 불행할 수밖에 없는지를 추측할 수 있게 해 준다. 언니와 형부는 계속 얼마나 큰 돈을 들여서 결혼식을 준비했는지 상기시키며 행복해야 된다고 부담을 준다. 그걸 덕담으로 받아들일 수 없는 저스틴의 표정은 순식간에 무거워진다. 회사 대표 잭은 결혼식에 와서도 광고카피가 그녀에게서 나오기를 기다리며 압박하고 신입사원 팀Tim을 붙여놓는다. 특히 엄마와 이혼한 상태에서 참석한 아빠는 두 명의 베티Betty를 데리고 왔는데 아무나 베티라고 부르며 심지어 딸에게도 그렇게 부른다. 결혼이라는 제도를 경멸하는 엄마는 내내 불평을 하며 결혼식 도중에 올라가 목욕을 하기도 한다.

신랑 마이클Michael과 계속 웃고 있던 저스틴은 사실 그 결혼식을 버티고 있었다. 자신의 우울한 마음을 감추려 애쓰며 어떻게든 평범하게 살아보려고 필사적으로 발버둥치고 있었던 것이다. 그러나 결혼식 중간중간 사라지고 집중하지 못하며 결국 결혼식을 망쳐 버린다. 저스틴이 끝내자 얘기한 것도 아니고 둘이 다툰 것도 아니며 신랑이 어깃장을 놓은 것도 아니다. 아무도 결혼식을 망치려는 사람은 없었고 어마어마한 돈을 들여 대저택에서 특별한 결혼식을 준비했는데, 누가 봐도 행복해야 마땅한데 팽팽하게 당긴 고무줄 같았던 저스틴의 의지가 놓아지는 순간 그 이전으로 다시 돌아갈 수 없는 상태가 되어버린 것이다.

결혼식은 무거운 분위기로 이어지며 저스틴은 몇 번이나 이해할 수 없는 돌발행동을 한다. 신랑은 가족과 조용히 떠난다. 아무도 비난하지 않지만 그 결혼은 이어갈 수 없게 되어버렸다. 둘의 노후를 위해 과수원을 준비하여 그 사진을 선물로 건네주던 신랑을 그대로 보낼 수밖에 없었고, 결혼식 도중 자리를 박차고 나가버린 엄마도 말리지 못했으며, 얘기를 나누고 싶어 붙잡았던 아버지마저 그냥 떠나버리고 저스틴은 우울의 깊은 늪에 빠져버린다. 이제 더는 버틸 수가 없었는지 아무 것도 할 수 없는 무력감에 쓰러져 저스틴은 먹지도, 씻지도 못하는 상태가 된다. 언니 클레어는 그녀가 택시를 타고 언니에게 올 수 있도록 전화로 하나하나 행동을 일러주고 도착한 그녀를 부축해 데리고 들어와 먹이고 씻겨 주기까지 하며 돌본다. 그런 저스틴을 조카가 부르는 별명이 아이러니하게도 강철소녀steel breaker 이모다. 그녀의 강한 모습을 보여주는 일화는 없었지만 잭의 말을 통해 그녀의 성격을 알 수 있다. 맡은 일은 뚝 부러지게 해내는 그녀의 성격을 언급하고 완벽주의적인 면모가 있음을 암시한다. 그러한 강철소녀도 무너뜨리는 것이 우울증인 것이다.

한편 우주에서는 멜랑콜리아라는 행성이 지구를 향해 돌진하고 있다. 과학을 신봉하고 천체 관측을 좋아하던 저스틴의 형부 존John(키퍼 서덜랜드 분)은 충돌하지 않을거라는 과학자들의 말을 믿고 태평하게 날마다 천체 망원경으로 행성의 움직임을 관찰한다. 반면 언니 클레어는 불안에 사로잡히고 인터넷에서 날마다 행성의 움직임에 대한 기사를 읽는다. 그러나 과학자들이 틀렸고 곧 지구와 멜랑콜리아가 충돌할 것을 알게 되자 그릇된 정보에서 비롯된 형부 존의 평온은 지구의 종말 이전에 스스로 자살함으로써 종말을 맞이한다.

반대로 저스틴은 지구의 종말이 올 것을 알고도 평온하다. 멜랑콜리아가 가까이 다가올수록 점점 더 안정된다. 밤하늘에는 달과 멜랑콜리아 두 개의 빛이 떠 있어서 정원에 두 방향으로 그림자가 진다. 저스틴은 멜랑콜리아 쪽으로 가 강가에서 마치 월광욕을 하듯 나체로 멜랑콜리아의 푸른 빛을 온몸으로 받아들인다. 그 다음날부터 저스틴은 음식도 잘 먹고 안정된 마음으로 한치의 흐트러짐 없이 종말을 기다린다. 어린 조카를 다독여 불안하지 않도록 도와주는 사람도 저스틴이다. 불안에 사로잡힌 클레어는 아이를 안고 어디론가 가려고 하지만 차가 고장나며 실패한다. 다시 돌아오는 길에 우박이 떨어지는 종말론적 현상을 보고 체념과 불안 사이에서 흔들리며 집으로 와 발코니에서 와인파티를 하자고 한다. 셋은 저스틴이 만든 마법동굴에서 서로 손을 잡고 종말을 맞이한다.

어떻게 지구의 종말도 두렵지 않을 수 있을까? 이는 개인적인 슬픈 일이나 우울한 기분이나 관계의 갈등이나 재정적 어려움이나 불치병 같은 인간사의 온갖 우울한 요소들을 뛰어넘는다. 말 그대로 끝판왕인 것이다. 그러나 저스틴은 지구의 종말이 두렵지 않다. 눈 앞에 다가와도 담담하다. 왜일까? 지구의 종말보다 끔찍한 우울이 이미 그 안에 있기 때문이다. 우울증이란 그런 것이다. 이 영화 이전에 아무도 그것이 지구의 종말보다 더한 것이라고 말하지 않았다. 그러나 죽음이 개인의 종말이라는 것은 자명하다. 우울에 사로잡힌 사람들에게는 개인의 종말이나 지구의 종말이나 차이가 없는 것이다. 이렇게 지구의 종말보다 더한 끔찍함을 마음에 품고 그것을 견디며 하루하루를 버티는 사람들은 얼마나 힘이 들겠는가. 그들은 얼마나 대단한가.

저스틴이 결혼식에서 그림을 바꾸고 과수원의 사과이름은 임페리얼(제국주의)이며 18홀 골프 코스가 있는 대저택이라고 하면서 19번 홀이 나타나고, 배경을 가득 메우는 바그너의 음악 등 이 영화의 여러 상징과 은유는 영화를 철학적으로 분석하는 사람들을 바쁘게 만들지만 우울이라는 이름의 거대한 행성이 지구를 흡수해버리듯 다가와 폭발하는 마지막 장면은 그 모든 해석을 무의미하게 만드는 것처럼 보인다. 우주로 망원경을 돌려 빠른 속도로 다가와 지구를 삼켜버리는 저 우울을 그냥 보라고 말하는 듯…

주인공의 우울증에 영향을 미친 요인

하나, 저스틴은 맡은 일을 완벽히 해내려는 완벽주의가 있다. 맡은 일은 끝장을 보는 성격이고 자기 결혼식에서도 일을 쉬지 않는 사람이라고 생각하는 회사 대표의 말로 알 수 있다. 유능한 카피라이터인 그녀는 직장에서 실력을 인정받아 결혼식 날 아트디렉터로 승진했으며 모든 사람의 요구를 맞춰 주려 무던히 애를 쓴다. 조카가 부르는 그녀의 별명은 언제나 강철소녀 이모일 정도로 주변 사람들에게는 강한 사람으로 인식되었음을 알 수 있다.

둘, 일년 전에 이혼한 부모는 딸의 결혼식에서까지 서로를 공격하고 비난을 서슴지 않는다. 냉소주의인 저스틴의 엄마는 딸에게 충분한 사랑과 돌봄을 주지 않았고 결혼식 당일에도 회의적인 생각을 드러내며 냉정하게 딸을 마음을 돌봐주지 않는다. 낭만주의인 아빠는 대화를 하고 싶다는 딸을 버려두고 메모를 남기고 떠나 버린다. 저스틴은 간절히 엄마 아빠와 대화를 하고 싶어하고 힘들다는 것을 표현하는데 그녀의 마음은 사실상 무시당하고 버림받는다. 저스틴의 심리적 불안과 우울이 오랜 기간 성장과정에서 비롯된 것임을 증명하는 것으로 볼 수 있다.

　셋, 주변의 모든 사람들에게서 압박을 받는다. 아무도 저스틴을 있는 모습 그대로 받아들이고 수용해주지 않는다. 그나마 언니가 아픈 그녀를 돌봐주지만 강박적으로 그녀가 해야 할 일을 밀어붙이며 부담을 주고, 형부는 엄청난 돈을 들였음을 강조하며 행복해야 한다고 압박한다. 회사 대표는 결혼식에서까지 그녀를 따라다닐 사원을 한 사람 붙여 그녀가 광고문구를 생각해내길 압박한다. 신랑 마이클은 노후를 준비한 사진을 보여주며 함께 할 삶을 압박한다. 모두 그녀가 지금 우울하고 힘들다는 것을 알고 있는데도 지금 해야 할 일과 그녀가 힘을 내기를 끊임없이 강요한다. 심지어 결혼식을 망친 후 우울의 늪에 빠져버려 손가락 하나 까딱 못하는 저스틴을 도우려는 언니는 자기 방법대로 억지로 씻기고 먹이려 한다.

DSM-5에 비춰본 주인공의 우울 증상

주인공 저스틴은 DSM에서 말하는 주요우울장애의 증상들을 보인다.

1. 결혼식 내내 웃는 모습을 보이려 애쓰지만 순간순간 표정이 사라지고 어두운 얼굴로 기분이 저하된다. 자신의 결혼식인데도 즐거움이나 흥미는 없고 웃지 않아도 되는 혼자 있는 순간을 찾아 자꾸 자리를 뜬다.

2. 집중력이나 사고력이 감소된다. 결혼식 도중에 사람들이 있는 자리를 벗어나 이해할 수 없는 충동적인 행동들을 보이며 신체적, 사회적 역할 수행 기능이 현저히 떨어져 있다. 신랑인 마이클은 방에서 사랑을 나누려 하지만 잠시 시간을 달라며 밖으로 나간 저스틴은 자신을 따라온 직장동료 팀을 보는 순간 충동적으로 그와 섹스를 한다.

3. 저스틴의 감정은 엄마에게 얘기했듯이 모든 게 두렵고 무섭다. 언니에게도 자기는 간신히 버티고 있고 계속 웃으려고 노력하고 있다고 말하며 울음이 터지려는 듯한 얼굴을 한다. 자기를 짓누르고 있는 우울의 무게를 혼자 감당하고 있다.

4. 결혼식을 망친 후 저스틴은 혼자서 아무것도 못할 정도로 무기력증에 빠진다. 씻겨주려고 언니와 집사가 욕조까지 부축해도 욕조 앞에서 다리를 들어올릴 힘이 없어 들어가지 못한다. 신음소리를 내며 애써 들어보려 해도 못하겠다며 결국 주저앉아 버린다. 무겁

고 피곤한 무력함만이 느껴질 뿐이다. 언니는 깨우고 씻겨 주고 식사를 챙겨주는 등 일상생활을 하게 하려고 애쓰지만 저스틴은 끝없이 잠을 잔다.

5. 기력도 없고 식욕이 없어져 맛도 못 느끼고 아무것도 못 먹는다. 언니가 저스틴이 좋아하는 미트로프를 만들고 부축해 식탁 앞에 앉혀 놓지만 한 입 먹다가 뱉고 담뱃재를 씹는 것 같다며 울어버린다.

영화 속 치료방법과 과정

영화에서 저스틴은 언니가 돌봐주기는 하지만 적절한 치료를 받는 내용은 없다. 지구의 종말이 닷새 남은 시점에 언니의 돌봄을 통해 먹고 씻는 등 조금씩 일상을 되찾아갈 뿐이다. 그러나 무기력에 빠져 있던 그녀가 기운을 차리고 스스로 씻고 음식을 먹게 되는 것은 멜랑콜리아가 부쩍 가까이 다가온 밤에 강가에서 나체로 그 빛을 온 몸으로 받아들인 뒤부터다. 저스틴은 종말이 얼마 남지 않았다고 해도 전혀 생을 아쉬워하지 않으며 지구는 사악하니 애석해할 필요가 없다고 한다. 우울을 인정하고 받아들인 저스틴과 끝없이 불안해하는 클레어를 대비시키며 영화는 우울이 지구를 삼켜버리듯 충돌하는 결말로 염세주의적 세계관을 보여주고 있다.

가족의 지원

저스틴은 계속 가족들의 관심을 원하는 모습을 보인다. 언니 클레어는 저스틴에게 가끔 네가 죽도록 밉다고 말하면서도 그녀가 아프다는 것을 이해하고 돌본다. 강박적인 성격으로 보이는 면모도 있지만 일상이 무너진 저스틴에게 그나마 살아가게 하는 필수적인 돌봄을 제공한다. 그녀의 돌봄을 살펴보자.

1. 일단 혼자 아무것도 못하는 동생에게 택시타는 방법을 일러주고 집에 오면 택시비를 준다고 안심시키며 집으로 오게 한다.

2. 동생에게 식사를 차려주고 씻겨주고 승마를 하러 가자고 하며 일상생활을 하도록 돕는다. 일상생활에 필요한 보이지 않는 부분까지 모든 돌봄을 제공했을 것이다. 냉정한 엄마와 무관심한 아빠를 대신해 거의 엄마처럼 돌봐준다.

생각해 볼 주제 대사

1. 결혼식에서 축사를 하는 아버지

"행복해 보여서 기쁘다. 보다시피 아빠는 두 베티를 상대하느라 바쁘구나"

2. 아버지의 말에 반박하며 이야기하는 엄마

엄마: "딱 한마디만 하고 싶구나. 이왕 한 것 즐겁게 살거라. 엄마는 결혼이란 제도가 싫다. 특히 아끼는 가족이 결혼할 땐 더욱 안타깝지."

클레어: "그러실 거면 왜 오셨어요?"

3. 졸려하는 조카 레오를 재우러 데리고 올라간 저스틴에게 레오가 하는 말

레오: "앞으로도 '강철 소녀' 이모인 거죠?"

저스틴: "그럼 언제나 그럴 거야"

4. 레오 옆에서 잠든 저스틴을 깨우는 클레어와 저스틴의 대화

클레어: "아직 식순이 절반도 안 끝났어. 왜 그러니 저스틴?"

저스틴: "나 간신히 버티고 있어. 잿빛의 엉킨 실타래를 지나는 것 같아. 내 다리를 휘감고 있어. 너무 무거워서 걸음을 뗄 수가 없어."

클레어: "아냐. 그렇지 않아"

저스틴: "알아. 듣기 싫은 거"

5. 결혼식 도중 사라진 장모와 처제를 찾으러 간 형부 존

존: "장모님, 방해해서 죄송한데 케이크 커팅이 기다립니다."

엄마: "저스틴이 아기 때 혼자서 처음 변기 쓴 것도 못 봤네. 처음 남자 경험을 한 날도 옆에 있어주지 못했지. 그러니 그 놈의 예식은 나 빼고 알아서들 해!"

6. 결혼식 도중 저스틴을 위로하며 방으로 가 과수원 사진을 보여주는 마이클

마이클: "노후에 살 과수원을 샀어. '엠파이어'라는 사과 품종인데

선명한 붉은 색에 아주 달아. 딱 적당히 새콤하고. 어릴 때 먹어봤어. 아름답지? 10년 후쯤 사과나무가 많이 자라면 그늘에 의자 놓고 쉬어도 되고 오늘처럼 조금 우울한 날이면 나무를 보면서 행복을 느낄 거야."

7. 형부 존과 저스틴의 대화

존: "분명 행복한 거 맞겠지? 예식 비용이 얼마나 들었는 줄 알아? 어림짐작이라도 해 봐.""엄청난 돈이 들었어. 막대한 금액이! 보통 사람들은 만져 보지도 못할 액수. 그러니 무조건 행복해야 돼"

저스틴: "감사해요. 최고의 예식을 준비해 주셨어요."

존: "우리 집 골프장이 몇 홀이지?"

저스틴: "18홀"

존: "정답이야"

8. 언니와 대화하는 저스틴

저스틴: "정말 미안해. 그래도 파티 즐기고 있어. 형부가 돈 많이 쓴 것도 알아."

클레어: "그이야 돈 밖에 없잖니. 돈 얘긴 그만 좀 하지. 사실 돈이 문제가 아니야. 네가 이런 결혼식 원하는 줄 알았어.""마이클은 너 비위 맞추며 예식 잘 끝내려 애쓰더라. 소용없었지만…"

저스틴: "그렇지 않아! 나 계속 미소 짓고 있었어."

클레어: "이제 모두에게 거짓말이니?"

9. 예식 중간에 아빠를 찾고, 예식이 끝나고 돌아가는 아빠를 붙잡는 저스틴

"아빠, 얘기 좀 해요." "아빠 제발… 꼭 할 얘기가 있어요."

10. 광고문구를 압박하는 잭에게 매몰차게 환멸감을 드러내는 저스틴

"광고문구를 집어넣는 대신 당신을 팔아버리면 어떨까 하고 생각했어요. 그쯤 생각했을 땐 원점으로 돌아가고 말았죠. '무無'의 상태로."

잭: "아트디렉터로 승진도 했는데 좀 자세히 설명해 주겠나?"

저스틴: "당신한텐 '무'도 과분해요. 당신이며 회사며 미치도록 증오해요. 표현할 수도 없을 만큼! 당신은 정말 비열하고 권력에 눈이 먼 옹졸한 인간이에요"

11. 마지막 날 저스틴과 클레어의 대화

클레어: "형부는 전혀 걱정 안 하고 있어."

저스틴: "그래서 언니도 안심돼?"

클레어: "응 그래, 형부는 이것저것 아는 게 많잖아."

저스틴: "지구는 사악해. 그러니 애석해할 필요 없어. 없어져도 아쉬울 것 없어."

클레어: "레오는 아직 어린데…"

12. 레오를 안심시키며 마지막을 준비하는 저스틴

저스틴: "무서워하지 마"

레오: "아빠가 숨을 곳도 없고 방법이 없다고 했어요."

저스틴: "그렇게 얘기하셨구나. 그런데 모르는 게 하나 있네. 마법의 동굴이 있잖아."

레오: "누구나 만들 수 있어요?"

저스틴: "강철소녀 이모는 만들 수 있어."

♥ 마음 돌보기

1. 나의 감정, 나의 생각

Q1. 혹시 내가 버티고 있는 상황이 있다면 지금 어떤 마음인가요?

Q2. 내가 마음을 이야기하고 싶은 대상이 있다면 누구인가요?

Q3. 내가 안다고 생각했던 것에서 보지 못한 어떤 것을 발견한 경험이
    있었다면 그것은 어떤 것이고 어떤 느낌이었나요?

Q4. 혹시 주변에 두렵고 힘들어하는 사람이 있다면 있는 모습 그대로
    어떻게 받아들여줄 수 있을까요?

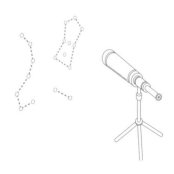

2. 모델링

좋은 모델	나쁜 모델
결혼식을 망쳐 버린 동생이 미우면서도 수용해주는 클레어 저스틴: "그래도 나 노력했어" 클레어: "알고 있어. 애썼어" 저스틴이 무력감에 빠져있을 때 하나하나 행동을 일러주며 도와주는 클레어 "내가 시키는 대로 해. 길가로 나가면 택시가 대기하고 있잖아. 택시 문을 열고 타면 돼. 어서 택시에 타. 정 못 타겠으면 언니한테 다시 전화해. 택시비는 여기 오면 줄 테니 걱정 말고. 사랑한다 저스틴."	자기 결혼식에서도 두렵고 힘들다고 말하는 딸에게 냉정하게 대하는 엄마 저스틴: "결혼 때문이 아니에요. 두려워요. 제대로 걷지도 못하겠어요." 엄마: "마음이 혼란스럽겠지. 그런 꼴 보기 싫으니 나가. 망상은 그만하고." 저스틴: "저 무서워요." 엄마: "다들 그래. 그냥 참아. 어서 나가." 꼭 할 얘기가 있다고 주무시고 가라는 저스틴의 부탁을 들어주는 척하다가 그냥 가버린 아버지가 남긴 메모 '사랑하는 딸 베티야, 애비로서 네가 자랑스럽다. 차를 태워준다는 사람이 있어서 못 보고 그냥 간다. 조만간 보자꾸나. -미련한 아빠가.'

이 영화에서는 좋은 모델보다는 나쁜 모델이 훨씬 더 많이 나온다. 언니 클레어도 전적으로 좋다고만도 또 나쁘다고만도 볼 수 없는 면이 많지만 저스틴을 가까이에서 돌봐주는 유일한 존재이다. 사람은 완벽한 존재가 아니라서 각 사람의 생각과 돕는 행동을 흑백으로만 볼 수는 없기에 하나하나 들여다보고 함께 생각을 나눠보며 검토해 보는 것이 좋을 듯하다.

Q1. 내가 힘들 때 나의 부모님은 어떤 반응을 보여주셨나요?

Q2. 그에 대한 나의 느낌은 어땠나요?

Q3. 내가 원하는 부모님의 반응은 어떤 것인가요?

Q4. 혹시 부모님 외에 나에게 힘이 되어준 다른 가족이나 친구가 있었
    나요?

3. 영화 속 상징과 은유

결혼식은 1부의 주요 배경이며 저
스틴이 어떻게든 평범하게 살아보려
발버둥치는 필사적인 노력의 증거
다. 어쩌면 인생에서 가장 크고 중
요한 통과의례일텐데 그것조차 우
울증보다 중요할 수 없었다는 것을

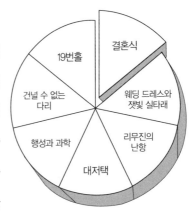

보여준다. 결혼식의 여러 이벤트가 하찮고 쓸데없이 느껴질 정도로 저
스틴 한 사람의 우울은 결혼식을 압도해 버린다.

웨딩드레스를 1부 내내 입고 있는 저스틴은 영화 초반 프롤로그에서
잿빛 실타래 같은 것이 다리를 감싸고 있어 앞으로 힘겹게 나아가는 모
습을 보여준다. 결혼식에서도 무거운 마음을 견디며 간신히 버티고 있
는 우울한 저스틴을 상징한다.

리무진에 신랑신부를 태우고 결혼식장으로 가는 리무진은 급커브길
에서 순탄히 진행을 못하고 난항을 겪는다. 신랑신부는 행복한 표정과
애정표현을 나누며 즐거워하지만 그 때문에 결혼식에 많이 늦어버린
다. 결혼식이 순탄히 이루어지지 않을 불길한 징조이며 아무리 모든 것
을 준비해도 순탄치 않은 인간의 삶을 나타낸다.

언니의 대저택은 인간이 현실에서 추구하는 최고의 가치 혹은 인간을
물질적 존재로 만드는 자본주의를 상징한다. 철학적으로 우울증과 인

간의 삶을 고찰하도록 유도하는 몇 가지 상징 중 하나이다. 우울증이 잠식해버린 인간의 삶은 18홀의 골프코스가 있는 대저택조차 무의미하게 느껴지게 만든다는 것을 은유적으로 비추며, 인간이 중요하게 여기는 모든 것과 그 모든 것에 초연한 저스틴을 대비하는 장치이다.

행성과 과학은 우울증에 관한 이해가 없는 인간이 우울증을 규명하고자 하는 노력을 의미한다. 망원경으로 하늘을 관찰하며 별들의 움직임과 행성이 다가오는 속도와 방향을 밝힌다 해도 '우울'이라는 그 행성 자체를 피할 수 없었듯이 무력한 인간의 무의미한 노력을 상징한다. 전형적인 속물을 대표하는 형부는 그러한 과학의 신봉자이며 별들의 움직임에 대해 남다른 지식을 갖고 있고 멜랑콜리아를 아름답게 생각하지만, 정작 과학이 틀렸고 종말이 다가오는 것이 확실해지자 두려움을 견디지 못하고 미리 자살한다.

건널 수 없는 다리 역시 인간의 한계를 상징한다. 평소 존이나 클레어가 물건을 사러 외출할 때는 건너갈 수 있었지만, 저스틴을 태운 말이나 차를 타고 도망가려는 클레어의 경우 차가 고장나며 벗어나지 못한다. 피할 수 없이 종말을 맞이해야 하는, 그저 그 자리에 있는 것이지만 인간은 그것을 넘어갈 수 없는 어떤 한계이다. 또한 이는 우울을 피하는 것이 불가능함을 보여주는 비관적인 상징이다.

19번 홀은 원래 존재하지 않아야 하지만 사람들의 믿음과 다르게 등장하는 것이다. 18홀 골프코스를 갖췄다는 대저택에서 아들 레오를 안고 도망가려는 클레어의 배경으로 등장하는데 아무도 그것에 대해 말하지 않는다. 마치 못 보거나 인식하지 못하는 듯 혹은 일부러 무시하는 듯 그러나 인물들의 뒤에 그 존재를 드러내며 분명히 보인다. 이 저택의 주인인 저스틴의 형부 존도 18홀 골프장이 있는 집이라고 알고 있고 계속 강조하는 것을 보아 과학을 신봉하는 존이지만 자기 집에 19번 홀이 있다는 것도 모르고 자기 신념에 빠져 보지 못하는 것을 의미하는 것이다. 어쩌면 19번 홀을 가진 이 비현실적인 저택 자체가 우리의 신념체계를 상징하는 것일 수도 있다. 모르면서 다 안다고 생각하는 신념을 종말론적으로 표현한 것이다. 감독은 이렇게 의도적으로 우울이 지구의 종말보다 더 강력하고 극한의 에너지를 가진 것임을 사람들의 신념에 도전하며 호소하고 있다.

Q1. 영화는 저스틴의 우울한 마음을 잿빛 실타래로 표현했습니다. 혹시 나의 마음을 이미지로 표현한다면 어떻게 표현할 수 있을까요?

Q2. 영화를 보고 난 뒤 떠오르는 기억이 있다면 어떤 기억인가요?

Q3. 혹시 내가 벗어나고 싶은 현실이 있나요?

Q4. 영화를 낙관적인 결말로 다르게 표현할 수 있다면 어떻게 만들고 싶은가요?

멜랑콜리아형 우울증

　정신과에서는 우울증을 '주요우울증', '양극성장애(조울증)', '기분부전 장애', '기분순환장애' 등 4가지로 분류하고 있다. 이 책에서 다룬 우울 증은 대부분 주요우울장애이며 멜랑콜리아형 우울증은 주요우울장애 의 한 종류이다. 주요우울증의 1/4 정도를 차지하고 있는 멜랑콜리아 형 우울증에 대한 설명은 다음과 같다. "기분을 조절하는 뇌의 전두엽 기능이 저하되어 자신을 통제하는 능력이 떨어지고 흥분에 관여하는 호르몬이 증가해 충동성이 극대화된다. 판단력, 집중력 등의 인지 기능 저하로 현실을 제대로 인지하지 못해 부정적인 관점에서 세상을 바라 보게 된다."(중앙일보헬스미디어, 2013.04.08)

　'멜랑콜리'라는 용어의 어원은 고대 그리스 의학 용어에서 온 것으로 사람의 체질과 성격을 4가지로 분류한 4체액설 중 검은 담즙을 의미한 다. 모든 사람의 체액이 혈액, 노란 담즙, 검은 담즙, 점액질 등 4가지로 흐르며 그중 가장 많은 특정 체액이 그 사람의 체질과 성격을 결정한다 고 보는 것이 고대 그리스의 4체액설이다. 그중에 검은 담즙을 가지고 있는 사람이 멜랑콜리한 성향 즉, 우울한 성격이라고 분석했다. 이 용 어를 바탕으로 일반적인 우울증과 멜랑콜리형 우울증이 나뉘게 된다.

　멜랑콜리아형 우울증의 증상은 즐거운 감정을 못 느끼고 식욕 부진 과 체중 감소, 불안과 초조, 행동이 느려지거나 안절부절 못하며 새벽에 일찍 깨고 아침이나 새벽에 증상이 심해지는 특징이 있다. 일반 우울증은 하루종일 우울하지만 특별히 아침에 더 심하지는 않고, 불면증과 자주 깨는 등 수면 장애가 동반된다. 우울한 기분과 의욕 저하를 주로 호소하는데 체중은 빠지는 경우도 있고 증가하는 경우도 있다.

멜랑콜리아형 우울증은 한국인의 자살과 관련이 높다고 한다. 한국인은 멜랑콜리아형 우울증의 비율이 42.6%로 다른 민족보다 1.4배 이상 높고 이로 인한 자살 위험도 2배 이상 높으며, 다른 나라의 일반 우울증보다 자살위험이 약 4배 이상 높다는 연구 결과가 있다. 특히 사계절의 변화가 크고 일조량이 적은 나라에 많으며 여성에 비해 남성이 더 취약하다고 알려져 있다. 이를 치료하기 위해서는 가족의 관심과 의료진의 도움이 필요하고 상담과 약물 치료를 병행해야 한다. (건강 365 레이더. 2013.04.05)

우울증의 원인은 아직까지 명확하지 않다. 복잡한 현실과 힘든 인간관계, 환경 문제 및 전 세계적 재난에서 누구도 자유롭지 않는 시대를 살아가는 현대인에게 우울증은 피할 수 없는 것이 된 지 이미 오래다. 과학과 의학에서는 생화학적, 유전적 요인을 규명하려 애쓰고, 사회학이나 상담심리학에서는 심리적, 환경적 요인을 연구하기도 하지만 현재로서는 다른 정신 질환들처럼 여러 복잡한 요인이 작용하여 생기는 것으로 이해할 수 있을 뿐이다. 그리고 원인을 아는 것도 중요하지만 더 중요하고 급한 것은 치료이다. 우울증을 보기 이전에 사람을 보아야 하고 도움이 필요한 존재가 우리의 일부이며 세상에 꼭 필요한 존재라는 사실을 기억하자.

아리스토텔레스는 멜랑콜리커들을 비범하고 출중한 사람으로 보았고 하이데거는 창조적인 사람으로 규정하였다. 현대의학에 검은 담즙이라는 것은 없지만 여전히 심리학에서 우울증과 동일한 의미로 사용되며, 프로이트 이후의 정신분석학자들은 이 개념을 인간 이해의 중요한 도구로 사용하고 있다. 이 용어를 하이데거는 철학적 용어로 재해석하여 자유인의 기분으로 표현하였다. 사실 군이 철학적으로 생각하지 않아도 창조적이고 자유로운 영혼을 우울과 연관시켜 생각하는 사람들의 고정관념을 심심찮게 발견할 수 있다. 우울을 호르몬 불균형으로 인한 심각한 질환으로만 보는 것이 아니라 이러한 기질로 이해한다면 그것을 어떤 사람의 다름과 특별함으로 생각할 수 있지 않을까? 그러면 그에 대해 우리는 기정사실로 선고하거나 부정적인 말로 상처를 주지 않을 수 있을 것이다. 물론 시급하게 치료가 필요한 우울증은 전문적인 진단과 치료를 받을 수 있도록 해야 한다. 하지만 우리가 우울을 보다 넓고 깊게 이해할 수 있다면 자기 자신을 이해하고 너그럽게 바라볼 뿐만 아니라 더 효율적으로 사람들을 돕고 좋은 친구가 되어줄 수 있을 것이다. 프로이트는 애도와 우울 둘 다 사랑하는 대상의 상실로 인한 것이지만 상실을 받아들이고 쏟았던 애정을 철회하는 애도와 달리, 인정하지 못하고 자기파괴적인 무력감에 사로잡히는 우울을 치료가 필요한 병리적 현상으로 보았다. 프로이트 이후 정신분석학자들은 인간 내면을 이해하기보다 정신의학적 고정관념으로 대체하는 이런 움직임(대리언 리더, 2011), 즉 우울(melancholy)을 우울증(depression)이라는 명칭으로 진단하고 약물치료에 외존하는 데 회의적이다(신형철, 2012). 기질이든, 상처든, 호르몬이든 우울은 인간 내면의 문제이기에 우리는 필요한 도움을 주면서 반드시 그 사람의 내면을 들여다보고 이해해야 할 것이다.

2부
불가항력적 트라우마

3장 애도의 우울
4장 무너진 가치관과 우울

3장 애도의 우울

〈레인 오버 미 Reign Over Me〉

개요 : 드라마 | 미국 | 124분 | 2007
감독 : 마이크 바인더
출연 : 아담 샌들러(찰리 파인먼), 돈 치들(앨런 존슨)
등급 : 15세 관람가

911 사고로 온 가족을 잃은 치과의사였던 찰리Charlie(아담 샌들러 분)의 고통을 그 친구 앨런Alan과 엮어 생생히 보여주는 가슴 아픈 영화이다. 잘 나가던 치과의사였던 찰리는 911사고로 사랑하는 아내와 예쁜 세 딸과 강아지까지 잃은 후 혼자서 끝없이 주방을 고치고 세상의 소리와 사람을 차단한 채 게임에만 몰두하며 지낸다. 그의 일상과 기억을 지배하는 슬픔과 상실에 대한 애도는 우울 그 자체이다. 찰리의 심각한 증세에 대한 진단명은 외상후 스트레스 장애(PTSD)이지만 PTSD환자의 증세 중 하나인 우울증을 잘 보여준다.

치과의사 앨런은 어느 날 길에서 우연히 치과대학 룸메이트였던 찰리가 페인트를 들고 철물점에서 나오는 모습을 발견한다. 그가 911사고로 온 가족을 잃었다고 해서 은근히 마음이 쓰이고 있던 터라 앨런은 그에게 적극적으로 다가간다. 처음에 앨런을 못 알아보던 찰리는 이내 그와 다시 가까워지며 함께 어울려 영화도 보고 찰리 집에서 함께 게임도 하며 시간을 보낸다. 그러나 위로의 말을 건네는 앨런에게 찰리는 불같이 화를 내는 등 급작스러운 분노 표출과 이상 행동을 보이자 앨런은 찰리가 도움이 필요한 상태임을 알아채고 아는 심리치료사에게 그의 상태에 대해 물어본다. 몇 차례 갈등의 시간을 지나 찰리는 힘겹게 자신이 도움이 필요한 상태임을 인정하고 상담실에 오게 된다. 좀처럼 마음을 열기가 어려워 별 진전이 없던 상담이 계속되다가, 자신이 아니어도 되지만 누군가에게는 꼭 이야기를 해야 한다는 치료사의 조언에 찰리는 갑작스럽게 상담실 밖에서 기다리고 있던 앨런 옆에 앉아 처음으로 자기 얘기를 입 밖에 꺼낸다. 그러나 그 힘겨움과 고통을 견디기 어려웠던지 그날 저녁 경찰의 총을 맞으려고 총알 없는 총을 들고 밖에 나가 도로 위에서 돌발 행동을 한 찰리는 경찰에 체포되어 급기야 정신병원에 입원을 하게 된다. 그의 범죄와 치료에 대해 의견이 분분하고 그에 따라 재판이 진행되며 재판부 사람들과 그를 측은히 여기는 다른 사람들의 이해로 그는 처벌보다는 치료의 기회를 받게 된다. 재판에서 자신의 트라우마를 객관적으로 설명하는 사람들의 말을 듣기 힘들어 계속 몸을 흔들며 알 수 없는 말을 중얼거리는 위태로운 찰리에게 얼른 헤드폰을 건네주는 집주인, 그의 상처를 그대로 이해해주는 몇몇 사람들에 의해 찰리는 한 발자국 움직인다. 그렇다고 그것이 그 트라우마의 치유를 의미하는 건지는 아무도 모른다. 어쩌면 그런 트라우마로 인한 우울은 결코 고쳐지지 않을지도 모르지만 그래도 충분히 슬퍼하고 애도한 뒤에 따뜻함이 찾아와 조금씩 움직일 수 있게 된다면 그는 혼자에서 다시 우리가 되어 덜 외롭고 덜 힘들게 일상을 다시 살아갈 힘을 낼 수 있지 않을까? 그를 보듬어주려는 어떤 여인에게 곁을 내어주는 찰리를 보여줌으로써 이 영화는 희망을 내비치고 있다.

가장 가깝고 사랑하던 가족을 잃은 상실은 죽음과도 같은 고통이다. 그 슬픔은 너무나 커서 가슴 속에 절대로 메워지거나 치료되지 않을 커다란 구멍이 뚫린 것과 같다. 찰리는 그 고통을 마주하는 것이 죽을만큼 괴로와서 감정을 차단하고 소리를 차단하고 사람들을 차단한다. 장인 장모를 피하고, 앨런의 아버지가 돌아가셨다는 소식에도 중국음식이나 먹으러 가자며 엉뚱한 소리를 한다. 아내가 사고 전 마지막으로 한 말이 주방을 고치고 싶다는 것이어서 혼자서 고치고 또 고치며 계속 주방을 리모델링한다. 억지로 슬픈 기억을 눈 앞에 들이밀어 직면하게 하는 강압적인 재판과 치료과정에서 장인 장모를 마주한 찰리는 드디어 자기 마음을 이야기한다. 길에서 지나가는 사람들의 얼굴에 아내와 아이들의 얼굴이 계속 보이고 셰퍼드를 보는데도 자기의 푸들 강아지가 보이는 현실에 살고 있기에 그는 사진을 볼 필요가 없다고, 장인 장모 두분에게는 서로가 있지만 자기는 혼자서 그걸 견뎌야 한다고…. 찰리에게 상실은 기억이 아니라 계속되는 현실이고 그의 애도는 끝없는 현재진행형인 것이다.

그런 찰리에게 우리는 그만 슬퍼하라고 말할 수 있을까?

선불리 얘기할 수 없는 국가적 트라우마를 비춰주는 이 영화는 세월호를 생각나게 한다. 배가 침몰하고 있는데 아이들을 구해내지 못하는 그 끔찍한 상황을 실황으로 중계하여 온 국민을 트라우마에 빠지게 했던 그 일은 잊히지 않는 현재진행형이다. 이제 그만하라고 쉽게 말하는 사람들도 있는 것 같다. 그러나 상실감을 겪고 있는 사람들 곁에 앨런 같은 사람들이 아직 있으리라 믿으며 모두가 충분히 애도할 수 있기를 바란다.

주인공의 우울증에 영향을 미친 요인

이 영화의 주인공 찰리의 우울증의 원인은 명백하다. 그는 사랑하는 아내와 세 딸 그리고 강아지까지 911테러로 인해 사별을 한다. 평범한 일상 중에 맞이한 죽음이 아니라 국가적 트라우마를 남긴 사건이었고, 가족의 일원이 아니라 전부를 다 잃은 것이다. 찰리는 심각한 충격과 예상하지 못한 상실로 인한 외상후 스트레스장애(PTSD)에 수반된 극심한 우울증을 보여준다. 한 사람이 한 번에 감당할 수 있는 정도를 넘어선, 가장 아픈 단어로 표현할 수 있는, 결코 고쳐지지 않을 것 같은 트라우마이다.

DSM-5에 비춰본 주인공의 우울 증상

대체적으로 찰리는 마치 결혼생활이 없었던 듯이 행동하고 있다. 자기 세상에 갇혀 살며 대학시절 좋아하던 음악을 듣고 기타를 연주하거나 클럽에서 드럼을 치고 비디오 게임에 몰두하며 산다. 갑자기 자유로운 싱글로 돌아간 듯한 그의 모습에 앨런은 친구에 대한 연민도 있었지만 같이 어울리며 그 시절의 향수에 취했다. 그러나 자유로운 그의 삶의 그늘에는 다음과 같은 우울 증상들이 있었다.

1. 주인공 찰리는 대인관계의 어려움이 있다. 늘 헤드폰을 쓰고 있어 누가 불러도 듣지 못하고, 사람과 대화할 때도 눈을 맞추려고 하지 않는다. 아내의 부모님을 피하고 만나려 하지 않는다. 앨런을 마주친 집주인은 그가 친구라는 말을 믿지 않는다. 몇 년간 찰리를 찾아온 사람이 없었고 누구와도 어울리지 않았기 때문이다. 밖에 나갈 때는 헤드폰을 쓰고 바깥 소리를 차단한다.

2. 찰리는 대체로 무기력한 모습을 보인다. 그의 일상생활은 쾌락을 추구하는 듯 클럽에서 드럼을 치고 레코드를 사 모으고 집에서는 비디오 게임에 열중하지만 게임을 하는 그의 모습은 즐거워 보이기보다는 무기력하고 우울해 보인다. 외모에 신경을 쓰지 않는 듯 항상 머리는 부스스하다.

3. 죄책감에 사로잡혀 있다. 아내와의 마지막 대화가 주방을 리모델링 하고 싶다는 것이었는 데 무신경하게 아무렇게나 대답했다는

죄책감으로 몇 달에 한 번씩 계속 주방을 고친다.

4. 사람을 잘 알아보지 못하고 기억하지 않으려 한다. 대학 룸메이트인 찰리를 대면하면서도 잘 기억하지 못한다. 과거의 어떤 일들을 기억하고 싶지 않다고 스스로도 얘기한다. 과거의 음악이나 앨범, 밴드는 잘 기억하지만 대학시절은 잘 기억을 못하고 가족을 아는 사람을 아는 척도 하지 않는다.

5. 사회성이 별로 없다. 사람을 배려하지 않고 아무 때나 불쑥 앨런의 병원에 나타나 진료실에 들어가려고 한다. 처음 만난 사람이 악수를 청해도 응하지 않는다. 밤 10시가 넘어서 앨런의 집에 찾아가 문을 두드리고 놀러 나가자고 한다.

6. 고통을 회피하려고 무심하게 행동한다. 예를 들어 앨런의 아버지가 돌아가셨다고 하는데도 그에 적절하게 반응하지 않고 오히려 중국음식이나 먹으러 가자고 엉뚱한 소리를 하며 고통을 차단하려는 행동을 한다.

7. 갑작스러운 분노 표출을 하며 감정을 잘 조절하지 못한다. 자신의 상처에 조금만 다가와도 태도가 돌변하며 과거에 대한 이야기를 꺼내면 격하게 화를 낸다. 재판 과정에서도 가족을 잃은 것에 대한 이야기가 시작되자 불안 증세를 보인다. 몸을 앞뒤로 흔들고 중얼거리며 폭발할 듯이 위태로운 행동을 보인다.

영화 속 치료방법과 과정

찰리는 친구 앨런과 다시 어울리며 여러 번 분노 표출을 하게 되고 스스로 도움이 필요하다는 것을 인정하게 된다. 앨런의 권유로 심리 치료를 받으러 가지만 쉽게 마음을 열지는 못한다. 찰리는 상담사가 너무 어리다고 불평하며 이야기가 시작되면 금방 상담이 끝났느냐고 묻는다. 찰리가 원하는 대로 끝내게 하면서 상담사는 인내심을 갖고 기다려준다. 그리고 조심스럽게, 그리고 따뜻하게 "내가 아니어도 되지만 누군가에게 이야기를 해야 한다"고 조언한다. 더디지만 조금씩 찰리의 심경에도 변화는 찾아온다. 찰리의 치료과정을 살펴보자.

1. 솔직한 이야기와 눈물 흘리기

상담사에게 가족을 잃은 트라우마를 이야기하는 것을 꺼리는 찰리에게 상담사의 조언이 촉발제가 되었는지 찰리는 상담실 밖에서 기다리던 앨런 옆에 앉아 갑자기 자신의 이야기를 시작한다. 아내와 딸들의 이야기를 하며 찰리는 눈물을 흘린다. 눈물은 상실에 대한 건강한 반응이다. 눈물을 흘려야 할 때 흘리면 어느 정도 고통을 완화시켜 이겨내는 데 도움이 된다. 이야기를 들어주는 상담자가 수용적이고 이해하는 태도로 함께 그 자리에 있어줄 때 눈물은 마음의 짐을 덜어주어 가볍고 후련한 느낌을 준다. 눈물은 갈등이나 상처로 인한 스트레스, 긴장감, 좌절감과 우울감을 해소시켜준다. 대부분의 사람들은 다른 사람 앞에서 눈물을 보이게 되면 당황하거나 민망해하며 민폐를 끼친다고 부정적으로 생각하는 경우가 많지만 상담사나 코치, 혹은 가까운 친구 등 편안하고 신뢰할 수 있는 관계에서 눈물은 긍정적인 면이 더 많다. 그렇다고 해도 찰리처럼 심각한 PTSD와 우울증이 있는 경우 한 번의 눈물만으로 충분하지 않을 수도 있다. 찰리는 처음으로 상실에 대한 자기 마음을 꺼내 고통을 직면하고나서 고통을 더 강하게 느꼈을 것이다. 눈물은 첫 걸음이다. 한 번으로 충분하지는 않더라도 첫 걸음을 떼야 앞으로 나아갈 수 있다. 뒤에 찰리는 좀더 편안하게 주방 리모델링에 대해 묻는 앨런과 분노하지 않고 아내 이야기를 한다

2. 신뢰할 수 있는 친구의 존재

지지해주는 단 한 사람의 존재만 있어도 사람은 회복될 수 있다고 회복탄력성에서는 한 사람의 중요성을 언급하였다. 상담에서도 자신의 이야기를 들어주는 그 한 사람의 존재만으로 치료 효과가 있다고 한다. 앨런은 대학시절 룸메이트였던 찰리를 진심으로 걱정하고 도움이 되기 위해 애쓴다. 찰리는 자기 가족을 모르는 앨런이 안전하다고 생각했을 것이다. 그의 회계사 슈거맨은 원래 가족끼리 함께 어울리던 찰리의 가장 가까운 친구였으나 911 테러 이후 찰리는 그를 아는 척도 하지 않는다. 앨런을 다시 만난 찰리는 가족이 없다고 말하고 정말 없었던 듯이 행동한다. 찰리의 분노를 본 앨런은 상담사에게 조언을 구한다. 잠시 대학시절로 돌아간 듯 함께 어울리며 때로 앨런이 찰리를 의

지하기도 한다. 그러나 위로나 격려는 거부하고 차단하며 분노로 반응하는 찰리에게 앨런은 상담을 권유한다. 찰리가 상담실에 간 이유는 아마 현재 자기의 유일한 친구인 앨런이었을지도 모른다. 상담사에게도 열지 않던 마음을 앨런에게 열어 보일만큼 앨런의 존재와 관심이 찰리에게 가장 큰 치료 효과를 주었다고 볼 수 있다.

3. 주위 사람들의 지원

찰리는 정부가 준 배상금과 보험금으로 생계 걱정은 하지 않아도 되지만 혼자서는 일상생활의 유지도, 더 나아가 어떤 변화도, 치료도 어려웠을 것이다. 그러나 걱정해주는 장인 장모나 앨런의 존재 외에도 신경을 써 주는 집주인 아주머니, 그의 재정을 관리해주는 회계사이자 오랜 친구 슈가맨, 진정으로 돕고 싶어하는 상담사 안젤라, 찰리를 응원하는 여인 도나 등 모두 그를 걱정하며 법정 심리 과정에서 그의 곁을 떠나지 않는다. 적절하지 않았더라도 각자 나름의 방법대로 찰리에게 관심을 가지고 지켜주었던 사람들이다. 찰리에게 배려하기를 엄하게 조언한 판사도 중요한 역할을 했다. 영화 후반부에 가면 찰리는 더이상 혼자가 아니다. 이사를 한 찰리 옆에 앨런이 있고 피자를 사 들고 온 안젤라와 도나가 있다. 안젤라는 돌아갔지만 도나는 남아서 옆에 있어주는데 그런 도나를 찰리는 계속 흘끔흘끔 쳐다본다. 찰리를 지켜본 담당 판사까지 찰리를 위한 가장 좋은 방법을 고민하며 사람들을 설득하는 등 여러 사람들이 마음으로 지지하고 있음을 보여준다.

가족의 지원

찰리는 어렸을 때 부모님을 여의고 고등학교까지 키워준 고모는 결혼 직전에 돌아가셔서 장인 장모가 유일한 가족이다. 두 사람은 찰리를 아끼고 함께 시간을 보내고 싶어하지만 찰리는 거부하고 늘 피해 다닌다. 사위와 함께 추억을 나누고 싶어하는 그들은 사위의 고통을 이해하지 못한다. 찰리와 그들은 슬픔을 다루는 방식이 달랐기 때문이다. 아내의 부모인 그들은 아이들의 사진을 보며 이야기를 나누어 슬픔을 직면하는데 이는 서로 의지할 수 있는 동반자가 있어서 가능했을지도 모른다. 그들은 함께 기억이나 슬픔에 대해 이야기를 나누면서 감정을 소산함으로 애도하는 사람들이었다. 그러나 찰리는 고통스러워서 사진을 볼 수가 없다. 기억하는 것을 좋아하지 않는다고 찰리는 여러 번 이야기한다. 법정 심리에서 그들은 찰리의 행동으로 자신들이 받은 상처를 이야기하지만 결국 설득력 있는 판사의 조언에 귀를 기울인다. 그리고 찰리가 스스로 치유할 수 있도록 내버려두라는 앨런의 말에 드디어 힘든 결정을 한다. 한 걸음 물러나 기다려주는 것은 그들이 가장 하기 힘든 일이었다. 애도가 정답이고 내가 가장 좋은 애도의 방법을 알고 있는 것 같아도 그걸 누군가에게 강요할 수는 없다. 각 사람은 고통의 정도와 대처하는 방식이 모두 다르기 때문이다. 때로는 상담사의 말처럼 남들이 정해주는 시간이 아닌 찰리의 시간에 회복될 수 있도록 말없이 인내하고 기다려주는 것이 가장 효과적일 수도 있다.

생각해 볼 주제 대사

1. 앨런에게 도움을 구하는 찰리의 장모 진저

진저: "찰리는 도움이 필요해요. 치료를 받아야 해요. 가족도 필요하고요."

2. 앨런 아버지 장례식 후 앨런을 찾아간 찰리

찰리: "난 친구가 너 밖에 없어…이 사람들 여기 있을 거야?"

3. 첫 상담에서 가족 얘기를 피하는 찰리

찰리: "나한테는 그런 게 있어요. 떠올리기 싫은 것들이요."

4. 두번째 상담에서 상담사와 찰리의 대화

앤젤라: "그 생각을 안 하려고 무척 애쓰시는 것 같아요."

찰리: "아니요, 아니요, 기억이 안 나는 거예요, 됐어요? 기억하는 게 싫어요."

5. 계속해서 중요한 얘기를 거부하는 찰리에게 조언하는 상담사 안젤라

"매주 여기에 오는 건 소용이 없어요. 자신의 삶과 가족에 대해 얘기를 안 하겠다면 말이에요…사실 당신은 전에 가족이 있었는데 가족을 잃어서 괴로워하는 거예요. 그 부분에 대해 얘기를 하고 진지한 대화를 하기 전까지는 왔다 갔다 하면서 입만 아플 뿐이에요. 전 기다릴 수 있어요. 하지만 당신은 누군가에게 그 얘기를 해야만 해요. 제가 아니라 다른 사람이라도 좋아요."

6. 법정 심리에서 안젤라의 증언

"판사님, 파인먼씨는 스스로 치유하도록 해야만 합니다. 우리가 정한 시간이 아닌 파인먼씨 본인의 시간으로요. 자신의 삶을 채워줄 사람들을 다시 찾을 거예요. 오늘은 아니지만 곧 찾겠죠. 차츰차츰 말이에요."

7. 법정 심리에서 장인 장모에게 한 판사의 마지막 권유

"이건 아주 중대한 사안입니다. 보면 아시겠지만 그 사람은 뭔가 엄청난 일을 겪고 있습니다. 그건 분명하죠. 입원이 필요할지도 모릅니다. 그럴 수도 있죠. 하지만 스스로 길을 찾아야 하는 것인지도 모릅니다."

8. 법정 심리 후 밖에 나와 찰리 옆에 앉아있는 상담사에게 도나가 한 얘기

도나: "마음의 상처가 그렇게 큰데 왜 그들은 못 보는 걸까요? 가엾게도 그렇게 상처를 입었는데…"

9. 도나의 말을 듣고 고개를 끄덕이다가 안으로 들어가 장인 장모에게 얘기하는 찰리

"아내 얘기를 하거나 사진을 볼 필요도 없어요. 사실은 도린을 자꾸 본단 말이에요. 거리에서요. 거리를 걸어갈 때면 다른 사람이 도린처럼 보여요. 두 분이 가진 어떤 사진보다도 더 선명하게 보여요. 마음이 아프시겠지만 두 분은 서로 의지할 수 있잖아요. 전 혼자서 아내와 아이들의 얼굴을 봐야 해요. 어딜 가든지요. 개도 보여요. 그래서 이 지경이 된 거예요. 세퍼드를 봐도 그 망할 푸들이 보인다고요."

♥ 마음 돌보기

1. 나의 감정, 나의 생각

Q1. 가장 슬펐을 때 곁에 있어 준 사람이 있었나요?

Q2. 영화 속 희로애락의 정서를 어떻게 느꼈나요?

Q3. 아파하는 친구가 있다면 어떻게 해주고 싶은가요?

Q4. 우정이란 무엇일까요?

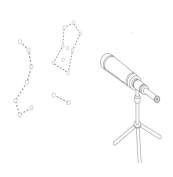

2. 모델링

좋은 모델	나쁜 모델
서로를 대학 시절 친구 그대로 봐주고 대해주는 앨런과 찰리. 서로 속깊은 얘기를 하며 마음을 나눈다. 앨런의 고민에 용기를 주기도 하고, 주방 얘기를 분노하지 않고 털어 놓으며 앨런을 더 걱정하는 찰리	법정심리에서 자신들의 아픔과 상처만 이야기하는 장인 장모.

좋은 모델

서로를 대학 시절 친구 그대로 봐주고 대해주는 앨런과 찰리. 서로 속깊은 얘기를 하며 마음을 나눈다. 앨런의 고민에 용기를 주기도 하고, 주방 얘기를 분노하지 않고 털어 놓으며 앨런을 더 걱정하는 찰리

앨런: "내가 과연 나인지도 모를 때가 있다니까. 난 샴 쌍둥이가 아니야 나는 나라고."

찰리: "대학 때 너 어땠는 줄 알아? 아무도 널 함부로 못 건드렸지. 넌 그런 걸 용납 안 했어."

-주방 리모델링에 대한 얘기 후

앨런: "그냥 다 잊어."

찰리: "그럴까?"

앨런: "그럼, 물론이지. 다시 일어설 수 있지?"

찰리: "…난 네가 더 걱정이야."

찰리가 분노를 표출해도 그의 상처를 이해하고 도와주려는 앨런

-슈가맨에게

앨런: "그는 말할 사람이 필요해요. 상태가 안 좋아요. 상담을 받아야 한다고요. 내 도움보다 더 큰 게 필요하다니까요"

-아내에게

앨런: "찰리를 도와줘야겠어. 도와줘야지. 예전의 삶을 되찾아야지. 언제까지 그럴 순 없잖아."

나쁜 모델

법정심리에서 자신들의 아픔과 상처만 이야기하는 장인 장모.

장인: "그날부터 가족애기라면 일절 안 합니다. 우리에게 연락도 끊었어요. 전화도 안 받았죠. 우리 전화를 안 받았어요. 사위까지 저렇게 되자 제 아내의 가슴에는 다시 한 번 대못이 박힌 셈이 됐습니다. 오늘 증인석에도 못 나왔죠. 그 정도로 힘든 상태예요." "찰리에게 손녀들 사진을 보여주려 했습니다. 아주 힘들었죠. 찰리에게 사진을 주려고 했어요. 그러자 아내가 아끼던 램프를 부숴버렸지요.."

앨런: "언제까지 그 망할 놈의 램프 얘기를 할 거예요? 그냥 램프였다고요. 그만 좀 해요!"

장모: "그건 그냥 램프가 아니야. 얼마나 소중했던 건데…"

법정 심리에서 강압적으로 사진을 보여주는 검사. 찰리가 듣도록 딸들에 대해 장인에게 이야기하게 한 뒤 사진을 찰리가 보도록 앞에 갖다 놓는다. 찰리는 헤드폰을 쓰고 노래를 따라 부르며 절규한다.

Q1. 인물들 중에서 특별히 공감이 가는 사람이 있나요?

Q2. 누군가가 힘들어할 때 어떤 말을 해 주고 싶은가요?

Q3. 아픔을 회피하기 위해 어떤 행동을 하나요?

Q4. 내가 듣고 싶은 말이 있나요?

3. 영화 속 상징과 은유

찰리는 늘 스쿠터를 타고 다닌다. 앨런을 뒤에 태우고 둘이 함께 이동하기도 한다. 마지막 장면에서는 앨런이 찰리의 스쿠터를 타고 집으로 간다. 스쿠터는 일종의 '자유'를 상징하는데 찰리의 경우엔 틀에서 벗어

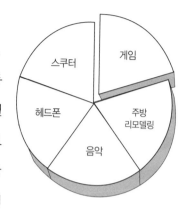

난 상태 즉 사회 구조로부터 유리된 '고립된 상태'를 상징한다. 가정생활에서 숨이 막혔던 앨런의 경우는 사회적 책임이나 구속으로부터 벗어나고 싶은 자유에 대한 갈망을 상징한다.

헤드폰은 늘 찰리의 목 뒤에 얹어져 있거나 귀를 막고 있다. 심지어 대화를 할 때도 끼고 있다. 상실의 비애와 고통으로 가득한 찰리가 현실이 아닌 다른 세상에 몰입하게 하는 장치이다. 또한 자신의 상처를 자극하는 사람들의 소리를 차단하는 장치이기도 하다. 법정 심리에서 가족에 대한 기억을 자극하자 찰리가 안절부절할 때 그를 이해하는 집주인은 헤드폰을 건네 준다. 헤드폰은 찰리의 심적 도피처이면서 극심한 고통으로부터 관심을 돌리고자 하는 그의 필사적인 노력을 의미한다.

음악은 찰리와 앨런의 공동의 추억이자 헤드폰과 같이 현실로부터의 도피처이다. 찰리는 대학시절 즐겨 듣던 음악을 화제로 앨런과 대화를 나눈다. 고통으로부터 피하고 싶을 때 영화 제목과 같은 주제곡 'Love, reign o'er me'(The Who)를 듣는다. 절박하게 부르짖는 노래 소리는 마치 웅어리진 가슴 속 감정을 표현하는 찰리의 울부짖음 같이 느껴진다. 영화의 제목은 찰리의 소리 없는 절규를 음악으로 표현하였다.

주방을 리모델링하는 찰리는 아내와의 마지막 대화에 무신경하게 대답했다는 미안함에 끝없이 고치고 또 고치면서 자기를 편안하게 두지 않고 힘든 노동으로 몰아 놓으면서 속죄한다.

찰리는 완다와 거상이라는 비디오 게임에 빠져 있다. 앨런이 가르쳐 달라고 하자 이건 중독성이 강하다며 잘 생각하라고 한다. 이사를 가서도 짐정리도 하지 않은 채 게임부터 시작한다. 사람과의 소통을 단절하고 오로지 자신을 귀찮게 하지 않을 대상만 곁에 두는 것이다. 음악과 헤드폰과 게임은 그가 도피하는 다른 세상이다. PTSD는 우울증과 함께 알코올중독이 동반되기도 하는데 술을 마시지 않는 찰리는 대신 게임에 빠져들었다고 볼 수 있다.

Q1. 혹시 가까웠던 사람과 헤어졌던 경험이 있었다면 그때 심정이 어땠나요?

Q2. 그때 그 감정을 어떻게 해소했나요?

Q3. 앨런이 스쿠터를 타고 집으로 돌아가는 뒷모습에서 무엇이 느껴지나요?

Q4. 자신의 마음을 이야기할 수 있는 친구가 있다면 그 친구와 무엇을 하고 싶은가요?

트라우마trauma, 외상후 스트레스장애 Post-traumatic Stress Disorder, PTSD

트라우마는 정신적 외상을 뜻한다. 정신학계에서는 외상성 신경증을 의미하고 다른 말로 외상후 스트레스장애 (Post-traumatic Stress Disorder, 이하 PTSD)라고 한다. 외상이라는 우리말은 신체적 외상도 표현하기 때문에 충격적이거나 두려운 사건을 당하거나 목격하는 정신적 외상에 대해 요즘은 트라우마라는 원어를 더 많이 쓰고 일반 사람들도 그 용어를 많이 이해하고 있을 정도로 요즘엔 알려져 있다. 트라우마는 무의식에 잠재되어 평소에는 기억을 못할 수도 있는데 트라우마가 된 사건과 비슷한 상황이나 떠올리게 하는 어떤 것을 접할 때 그 기억이 다시 떠오르고 그 때의 감정이 되살아나 그런 요소를 피하거나 경계하게 되는 것이다.

심리학적으로만 다루던 트라우마에 생물학적으로 연구가 이루어진 것은 최근 20년간의 일이다. 연구에 의하면 트라우마는 본능과 무의식을 관장하는 뇌 부위인 편도체에 저장된다. 트라우마는 사건의 규모와 무관하고 개인차가 없다고 한다. 사건의 크기나 심각성보다 그 사건을 당한 사람의 개인적 감정이 트라우마이며 심리학적 이해가 있는 사람이든 없는 사람이든 그 감정에는 개인차가 없다는 것이다. 편도체에 저장된 트라우마는 정서, 신체감각, 이미지 등으로 조각조각 분리되어 이후 살아가면서 그것이 연상되는 작은 단서에도 그 기억이 끌려 나온다. 단 한 번의 사건이었지만 나중에 비슷한 상황이나 사건이 연상되는 물건, 빛, 냄새, 소리, 사람 등을 접하면 그 때의 감정이 똑같이 되살아나는 것이다. (헬스조선, 2014)

PTSD는 주로 전쟁터에서 돌아온 군인들에게 많다. 그러나 아이러니하게도 전쟁을 겪지 않는 사람에게서도 요즘은 많다. 사실 우리 삶 자체가 전쟁터라는 증거다. PTSD는 우울증, 약물남용, 알코올남용, 자살시도 등을 유발할 위험성이 높아서 오진되거나 다른 정신 질환을 동반하는 경우가 많기 때문에 불안 장애, 우울 장애, 통증 장애, 그리고 물질남용 등이 있다면 PTSD를 의심해봐야 한다. 또한 심장혈관질환, 만성통증, 자가면역질환, 근골격증상과 같은 질환의 위험성도 증가시키는 것으로 알려져 있다.

극심한 정신적 외상을 경험하고 나서 발생하는 불안장애가 바로 PTSD이다. 극심한 고통을 주는 이러한 트라우마는 보통 사람들의 스트레스 대응 능력을 압도하기 때문에 트라우마를 경험한 후 PTSD 환자들은 그 당시의 충격이 반복적으로 회상되거나 신경이 날카로워지고, 집중력이 떨어지며 공포감을 느끼며 수면장애가 생긴다. 그러나 외부에서 충격적인 트라우마를 경험한 모든 사람에게 같은 증상이 나타나는 것은 아니기 때문에 다른 생물학적, 정신 사회적 요소가 발병에 관여하는 것으로 생각된다.

PTSD의 증상은 크게 세 가지가 있다. 위협적이었던 사고가 반복적으로 떠오르거나 꿈을 통해 재경험하는 증상을 보이고, 외상과 연관되는 기억과 감정을 차단하기 위해 지속적으로 회피하거나 감정표현과 정서적 반응 또한 억제하며, 심한 외상 이후 불안을 느껴 경계를 하거나 쉽게 놀라는 지나친 각성(과민상태) 증상이나 신경이 날카로워지고 집중하기 어렵고 수면장애가 나타나게 된다. 트라우마 상황에 노출된 후 한달 이상 위와 같은 증상이 지속되고 일상 생활에 장애가 있을 때 면담과 심리검사 등을 통해 진단한다.

PTSD 환자의 치료는 기본적으로 지지와 감정 표현, 대처 전략 교육 등을 인지행동치료 및 약물치료와 병행하는 것이 도움이 된다. 선택적 세로토닌 재흡수 차단제 계통의 우울증 치료제를 대표적으로 사용하는데 이 약물은 우울증 외에도 PTSD에 동반하는 불안, 공포, 충동성 경향 등의 증상 조절에도 효과가 있다. 이 외에도 다른 계열의 우울증 치료제나 기분안정제, 비정형 항정신병약물, 항불안제 등이 치료에 사용된다. 그 사건이 계속 생각나면서 불안과 분노, 죄책감, 우울감을 느낀다면 편하게 느껴지고 이야기를 들어주는 가족과 친구들의 지지를 받는 것이 건강하지 않은 대처방법에 빠지는 것을 방지하는 가장 좋은 방법이다. (출처: 삼성서울병원 정신건강의학과, 2014.02.05)

극심한 고통을 느끼게 되면 누구나 그 고통에 매몰되어 차분히 치료 방법을 생각하기가 어렵고 그 고통으로부터 빨리 벗어나고 싶어하기 때문에 쉽게 술이나 약물 혹은 다른 쾌락적인 활동을 찾는 행동을 보이기도 한다. 당장 현재의 고통을 경감하려고 시작했던 것에 의존하게 되면 트라우마는 중독이라는 2차적인 문제로 진행되는 것이다. 가장 외롭고 힘든 순간에 혼자임을 직면한 사람은 누구나 의지가 약해질 수밖에 없다. 아무도 이해하지 못할 거라는 생각이 들면 자신이 건강하지 않은 상태임을 받아들이고 치료를 시작해야 한다. 물론 치료는 본인의 의지가 가장 중요하지만 그게 혼자 감당하라는 뜻은 아니다. 혼자 이겨내려고 하지 말고 도움을 받아야 한다. 도움을 받는 것은 부끄러운 일이 아니다. 아직도 세상은 서로 도움을 주고받는 사람들이 있어서 돌아가는 것이다.

4장 무너진 가치관과 우울
〈나는 사랑과 시간과 죽음을 만났다〉

개요 : 드라마 | 미국 | 97분 | 2016

감독 : 데이빗 프랭클David Frankel

출연 : 윌 스미스(하워드), 에드워드 노튼(휘트), 케이트 윈슬렛(클레어), 마이
클 페냐(사이먼), 키아라 나이틀리(에이미), 헬렌 미렌(브리짓), 제이콥
라티모어(라피), 나오미 해리스(매들린)

등급 : 12세 관람가

이 영화는 성공한 광고회사 대표 하워드 인렛Howard Inlet(윌 스미스
분)이 6살난 딸을 희귀한 뇌종양으로 잃은 후 이혼하고 우울증에 빠진
이야기이다. 영화 초반에 직원들 앞에서 멋진 연설을 하던 하워드의 모
습은 순식간에 3년을 뛰어넘어 5일동안 도미노를 쌓고 5분만에 무너
뜨리며 회사 일은 뒷전인 모습으로 그려진다. 딸의 죽음이나 그의 이혼
과정에 대한 묘사는 없고 영화의 제목과 같이 사랑, 시간, 죽음에 대한
그의 생각을 이야기의 중심에 놓고 있다. 그 가치관은 그를 성공으로
이끈 사업 철학이지만 딸의 죽음으로 그 모든 것은 무너진다. 마치 오
랜 시간을 들여 세운 도미노가 한 방에 무너지는 것처럼 딸의 죽음 이
후 모든 의미를 잃고 사랑, 시간, 죽음에게 분노의 편지를 보낸다.

동업자이자 친구인 세 사람은 위기에 처한 회사의 매각을 앞두고 대표가 정상이 아님을 입증하려고 한다. 그러다 우연히 연극 배우들을 만나 새로운 아이디어를 생각해낸다. 휘트가 고용한 사설탐정이 하워드의 편지를 우체통에서 빼돌려 그 내용을 알고 있던 터라 그들에게 사랑, 시간, 죽음의 역할을 해달라고 요청하며 거액을 지불할 것을 약속한다. 그 내용을 전달받은 연극 배우 세 사람은 사랑, 시간, 죽음의 역할을 맡아 변론을 한다. 혼란스러운 하워드는 검색을 통해 자신의 경험이 애도환각이라고 생각한다.

한편 하워드는 자녀를 잃은 사람들의 집단치료 지지그룹에 참석한다. 그 모임을 주도하는 매들린Madeline은 하워드에게 딸의 이름을 물어보지만 하워드는 딸의 이름을 입 밖으로 꺼 내지 못한다. 그러나 나중에 자신의 경험을 조심스럽게 그녀와 얘기하게 되고 그녀의 격려에 힘입어 사랑, 시간, 죽음이 다시 나타났을 때 자신의 감정을 표출하며 이야기를 하게 된다. 그 장면을 비디오로 촬영한 뒤 배우들을 지우고 편집하여 회사 매각 회의에서 틀어주는 세 친구 앞에서 하워드는 현실을 인정하며 친구들의 의견을 수용하는 변화를 보인다.

사랑, 시간, 죽음과의 대화는 하워드가 한 걸음 앞으로 나아갈 수 있게 했으며 자신의 아픔을 받아들이고 종국에 차단해버린 자신의 기억도 돌아오게 했다. 크리스마스 이브에 매들린의 집에 찾아간 하워드에게 그녀는 죽은 딸의 비디오를 보고 있었다고 하며 아이가 아빠와

노는 영상을 보여주는데, 그 속에 하워드가 있다. 그제서야 그는 고통스럽게 딸의 이름을 말할 수 있게 되며 매들린이 그의 이혼한 아내임을 깨닫는다. 마치 모르는 사람인 듯 행동하고 있었지만 매들린은 이미 하워드보다 먼저 아픔을 극복하고 영화의 원제인 '삶의 고통이 주는 아름다움Collateral Beauty'을 깨닫고 있었다. 하워드와 매들린은 한걸음 물러서 아픔을 공감하고 다시 서로에게 한걸음 다가서 함께 고통을 의미 있게 받아들이며 삶의 아름다움을 깨달아간다.

사랑, 시간, 죽음을 만난 것은 하워드만이 아니다. 세 친구도 모두 그 세 가지에 관한 중대한 문제를 안고 있었다. 외도로 이혼하고 사랑하는 딸을 그리워하는 친구 휘트Whit(사랑), 나이 많은 싱글로 곧 임신 가능성이 사라질 생체시계를 걱정하는 친구 클레어Claire(시간), 병이 재발해 곧 죽음을 맞이하게 될 친구 사이먼Simon(죽음)은 일을 꾸미며 자신의 문제를 마주하게 된다. 배우들과 대화를 하면서 그저 회사의 운명뿐만이 아니라 그들의 개인적인 이슈들을 다루며 모두가 통찰을 얻게 된다. 배우들이 실존 인물인지 초월적 존재인지는 이 책에서는 논외로 한다.

하워드의 철학대로 인생은 그 세 가지에 관한 것이다. "그것은 우리가 원하는 것이자 갖지 못할까봐 두려워하는 것이며 결국 우리가 구매하게 되는 모든 것이 궁극적으로 우리가 사랑을 갈구하고, 흐르는 시간을 아쉬워하며, 죽음을 두려워하기 때문이다. 이 세상에서 이 세 가지를 경험하지 않는 사람은 없다." 사랑하는 딸의 상실로 자신의 삶이 모두 무너져 우울에 빠져 지내는 하워드가 슬픔과 분노를 표출하는 대상이 그 세 가지이다. 그는 사랑을 잃고, 시간이 무의미해지고, 죽음이 두렵지 않게 되었지만 그가 다시 삶을 살아가려면 그 세 가지를 다시 마주해야 하기 때문에 그들의 변론으로 그는 삶을 다시 받아들이게 된다. 고통이 있어도 삶은 여전히 아름답다. 우울한 사람에게는 모두 무의미하게 들릴 수 있지만 삶의 아름다움은 고통과 우울까지도 포용한다.

주인공의 우울증에 영향을 미친 요인

하나, 주인공 하워드는 교모세포종이라는 희귀 뇌종양으로 사랑하는 어린 딸을 잃었다. 2년이 지났지만 여전히 아이의 꿈을 꾸며 잠을 못 이룰 정도로 상실감에서 벗어나지 못했다. 아이가 죽고 아내와 이혼을 했다. 회사 일은 뒷전이고 회사 동료인 오랜 친구들과 대화도 잘 안될 정도로 자기 세계에 갇혀 산다. 친구들이 상담사나 영혼 치료사까지 불러 도우려 했지만 아무것도 효과가 없었다. 도미노에만 몰두하며 스스로 아픔 속에 자신을 가둬버렸다.

둘, 하워드는 직원들을 끔찍이 아끼고 동기부여를 하는 성공한 사업가였지만 자신이 생각했던 사람과 일에 관한 사업 철학이 다 무너졌다. 그리고 그 추상적인 것들에게 분노의 편지를 쓴다. 사람과의 소통은 단절하고 추상적인 것들에 분노를 표출한다. 누구보다 열정적이고 성실했던 그이기에 자신의 가치관이었던 것들에 배신감을 느끼며 분노한다.

DSM-5에 비춰본 주인공의 우울 증상

1. 불면증을 겪는 하워드는 딸과의 추억에 대한 꿈을 꾸면서 식은 땀을 흘리며 깨고 다시 잠드는 것을 어려워한다. 일주일에 잠을 자는 시간은 6~7시간 정도이다. 그래서 하워드는 사랑, 시간, 죽음이 나타나자 자신이 잠을 못 자서 애도환각을 보는 거라고 생각한다.

2. 하워드는 식욕이 없고 음식을 통 먹지 않는다. 친구가 와도 문을 열어주지 않아 음식을 문 앞에 놓고 가도 먹지 않는다.

3. 핸드폰을 들고 다니지 않는 하워드는 사람들과 대화나 소통을 거의 하지 않아 사회적 상호작용이 중단된 상태이다. 친구 휘트는 같은 물리적 공간에 있는 것 같지 않다며 유령과 대화하는 것 같다고 한다. 사랑, 시간, 죽음과의 논쟁 외에 하워드가 얘기를 하는 경우는 치유 지지 그룹의 매들린 외에는 거의 없다.

4. 두려움을 느끼지 않고 위험한 행동을 한다. 밤에 도로 한가운데서 자전거를 타고 역주행을 하며 힘껏 페달을 밟는다.

5. 강아지도 없는데 강아지 공원에 가서 몇 시간 동안이나 우두커니 앉아 있고 밤에는 방에 불도 켜지 않은 채 어둠 속에 멍하니 앉아 있는 등 무기력한 모습을 보인다.

6. 직업적 기능을 제대로 수행하지 못하고 회사의 중대한 문제에도 관심을 보이지 않는다. 사무실에서는 도미노만 쌓고 다 세운 후 건드려 쓰러지기 시작하면 무너지는 모습을 보지 않고 사무실에서 나간다. 늘 화가 난 듯한 표정으로 무기력하게 시간을 보낸다. 집중력의 감소를 보이며 자신의 재신임에 대한 서류도 구겨서 버린다.
7. 하워드는 절망감에 사로잡혀 있다. '시간'에게 분노하는 그는 자신이 그냥 감옥에서 사는 것과 같다며 시간 같은 것에 신경쓰지 않는다고 소리친다.
8. 정신운동의 초조나 지연을 나타내는 증상으로 하워드의 경우는 말이 없고 기억을 못하는 특징을 보인다. 치유지지그룹에 가거나 사랑, 시간, 죽음과 논쟁할 때만 말할 뿐 회사에서는 통 말이 없으며 친구이자 사업 파트너인 휘트가 중요한 이야기를 해도 대꾸를 하지 않는다. 현실감을 되찾기 전까지 친구들에게 입을 열지 않는다. 또 딸의 이름을 누가 물어도 이름을 말하지 못한다. 기억을 못하거나 말하는 것조차 고통스러워 입 밖에 꺼내지 못하는 것이다. 이혼한 아내도 못 알아보고 기억을 못한다.

영화 속 치료방법과 과정

하워드는 친구들의 노력으로 상담이나 정신적 치료를 받을 기회는 있었지만 영화 속에서 그런 것들은 효과가 없었던 것으로 묘사된다.

대신 하워드를 관찰하여 그가 추상적인 것들에 편지를 썼다는 것을 알게 된 친구들은 연극 배우들을 고용해 그가 쓴 편지에 대한 답을 하며 논쟁을 벌여 직면하게 하는 방법을 선택한다. 사람마다 상실의 경험과 고통의 크기가 다르지 않더라도 대처하는 방식이 다르기에 어떤 것이 좋다고 정답을 이야기하는 것은 어렵다. 아니 가장 근본적으로는 상실을 경험하는 그 사람이 다 다르기 때문이다. 하워드의 경우는 사랑, 시간, 죽음과의 대화가 그를 현실로 되돌려 놓는다. 영화 속 묘사를 통해 그의 회복 과정을 살펴보자.

1. 편지를 쓴다. 회사에서는 말이 없이 도미노에만 열중하고, 집에서는 인터넷도 전화도 TV도 없이 혼자 침묵 속에 있는 하워드는 자기 마음을 편지로 표현한다. 한 때 삶을 사랑하고 딸과 아내뿐만 아니라 일과 자기 사람들을 끔찍이도 아끼던 이 남자는 딸을 잃자 세상 전부를 잃은 듯이 주저앉았고, 이제 회사를 잃게 생겨도 신경도 안 쓴다. 어느 누구하고도 소통하지 않는 하워드가 유일하게 자기 생각을 얘기한 것은 바로 사랑, 죽음, 시간에게 쓴 편지다. 딸의 죽음에 대해 하워드는 어느 누구에게도 마음을 쏟아 놓거나 감정을 표현하지 않았다. 아내와도 이혼하고 혼자서 비애속에 빠져 지낸다. 상실로 인한 분노는 그의 업무 철학이었던 사랑, 죽음, 시간에게 표출했다. 삶의 모든 것이라 여겼던 그것들에

게 배신감, 절망감, 허망함을 쏟아낸다.

2. 세 친구가 고용한 연극 배우들이 그의 생각을 읽고 그 세가지 역할을 하며 변론한다. 하워드는 추상적인 그것들을 직면하여 자신의 분노를 표현한다. 자기 생각을 쏟아내고 가슴이 터질 듯한 감정을 드러낸다. 자신이 분노하는 대상이 눈 앞에 나타나고 논쟁할 수 있어서 그는 생각과 감정을 표출할 수 있었다.

3. 하워드는 자녀를 잃은 사람들의 치유 지지그룹에 참여한다. 몇 차례 밖에서 서성대며 들어가지 못하다가 어느 날 안으로 들어간다. 상실감을 입 밖에 내어 이야기하고 서로를 지지하면서 사람들은 이해와 공감을 바탕으로 서로를 위로하고 위로 받는데 하워드는 자기 얘기를 하지는 않지만 늘 그룹에 참여해 듣고 있다. 처음엔 딸의 이름을 얘기하는 것조차 고통스러워 대답을 못하지만 그룹의 리더인 매들린이 잘 포용해주어 그녀와 대화를 하며 조금씩 마음을 열게 된다. 결국 하워드는 현실감을 되찾고 딸의 이름을 말할 수 있게 되고 매들린의 존재를 기억해낸다.

4. 하워드는 친구들이 편집해서 보여준 비디오를 본 후 현실을 직시하고 받아들인다. 회사 매각 서류에 서명을 하며 한 걸음 나아간다. 딸의 사망확인서에 담담히 서명을 하며 친구들과 회사를 위해 결정을 내리고 행동한다.

가족의 지원

하워드는 항상 혼자인 듯 보였지만 가끔씩 자녀를 잃은 사람들의 모임에 참석한다. 그에게 관심을 보이고 늘 따듯하게 대해주며 기다려주는 그 모임의 리더는 사실 이혼한 하워드의 아내였다. 마치 남처럼 하워드와 적당한 거리를 지키고 딸의 이름도, 자신이 누구인지도 기억하지 못하는 그를 기다려준다. 크리스마스 이브에 찾아온 그에게 딸의 비디오를 보여주고 드디어 그가 딸의 이름을 말할 수 있게 되자 그를 안아준다. 자신이 먼저 깨닫게 된 삶의 고통이 주는 아름다움을 하워드에게 이야기하며 그를 격려한다. 두 사람은 사랑하지 않아서 헤어진 것이 아니었다. 둘 다 자녀를 상실한 커다란 아픔과 고통이 있었지만 아내인 매들린은 먼저 회복되었고 하워드가 그의 시간에 회복되도록 기다려준다. 하워드를 볼 때마다 매들린은 딸의 이름과 병명과 나이를 반복해서 이야기해주는데 이는 고통을 직면하고 기억을 되찾은 하워드가 상실을 받아들이고 인정하는 절차가 되었다. 하워드는 눈물을 흘리며 매들린이 가르쳐준 그 말을 반복한다.

"우리 딸 이름은 올리비아, 교모세포종이라는 희귀 뇌종양을 앓았어. 약자로는 GBM, 겨우 6살이었어. 우리 애기 이름은 올리비아, 6살이었어…"

생각해 볼 주제 대사

1. 직원들에게 사랑, 시간, 죽음에 대해 이야기하는 하워드

"세상 사람 모두가 이 세 가지를 경험해요. 우리가 원하는 것, 가지지 못한 것, 우리가 구입하는 모든 게 궁극적으로는 사랑을 갈구하고, 흐르는 시간을 아쉬워하고 죽음을 두려워해서죠. 사랑, 시간, 죽음. 여기서 시작합시다."

2. 연극배우들에게 일을 맡기는 세 친구들의 이야기

"우린 하워드를 사랑해요. 그냥 보스가 아니라 친구죠. 하워드는 똑똑하고 창의적이고 카리스마가 넘쳐요. 한때는 무서울 것이 없고 삶을 사랑했는데 지금은 증오해요…. 그는 자식을 잃었고 이젠 뭘 잃는다 해도 아무런 신경을 안 쓰는데 그냥 두면 안돼요. 정신 차리게 도와줘야죠.."

3. 하워드의 편지

시간에게

사람들은 시간이 약이라지만 넌 세상의 모든 좋은 것들을 파괴하고 아름다운 것들을 잿더미로 만들지. 넌 내게 죽은 나무, 썩지 않는 조직일 뿐, 아무것도 아니야.

죽음에게

넌 신비로운 존재로 사람들 마음에 공포를 심지만 내겐 한낱 종이호랑이일 뿐이야. 한심하고 힘없는 중간 간부처럼 간단한 거래도

할 권한이 없지.

<u>사랑에게</u>

굿바이

4. 매들린을 기억 못하고 지지그룹에서 만나 나누는 대화

매들린: "명절이라 오셨나요?

하워드: "아니오. 그냥 나 자신을 좀 고쳐 보려고요."

매들린: "자식을 잃었잖아요 하워드. 그건 절대 못 고칠 거예요."

5. 시간과 논쟁하고 분노를 표현하는 하워드

시간(라피): "다들 불평만 늘어놓죠. '시간이 모자라', '인생은 짧아', '흰머리가 나네'. 하루는 엄청나게 길어요. 난 무한한 선물이에요. 근데 당신은 여기 서서 '나'라는 선물을 낭비하고 있죠…."

하워드: "시간엔 관심 없어. 징역형을 사는 기분이야. 네 선물 필요 없어. 넌 내 딸의 시간을 뺏어갔어."

6. 죽음에게 변론하는 하워드

하워드: "당신 잔소리는 충분히 들었고 다 이해해요. '네 딸은 좋은 곳에 있고, 그 아이의 죽음은 원대한 계획의 일부다.' 그 얘기도 들 었죠. 최고는 이거예요. '신이 지상에서 제일 아름다운 장미를 천국에 심으려고 꺾어 간 거야.' 생물 중심주의란 것도 있죠. '우리 모두가 이 무한한 우주에서 동시에 살아가고 죽는다.' 종교는 또 어떻

고요? 기독교의 구원, 불교의 윤회, 힌두교 죽음의 의식. 아, 그 시도 빼 놓을 수 없죠. '죽는다는 것은 우리 생각과 다르고 행운인 것이다.' 월트 휘트먼. '분노하라 빛의 죽음에 대해 분노하라. 지혜로운 자들은 마지막에 어둠이 맞는다는 것을 안다.' 딜런 토마스… 안다고요. 결론은 다 이거죠. 죽음도 삶의 일부니 미워하지 말고 무서워도 말고 받아들여야만 한다. 안 그래요? 말은 그럴싸하지만 내 딸은 죽고 이 세상에 없어요."

7. 사랑과의 논쟁

사랑(에이미): "내게 작별을 고했잖아요. 사랑하고 사랑받는 건 선택이 아니에요. 살아있는 한 날 버릴 수 없단 뜻이죠. 난 삶의 원천이고, 당신뿐 아니라 세상 모든 것에 있어요. 하워드, 그걸 받아들이면 어쩌면 옛날처럼 살 수 있을 거예요."

하워드: "그런 삶의 원천이다 같은 소리는 딴 사람한테 해요."

사랑: "날 의심하는 거 알지만 믿어야만 해요."

하워드: "믿으라고? 믿었었어! 근데 날 배신했지. 매일 딸의 눈에서 당신을 봤고 개 웃음소리에서 당신을 들었고 애가 날 아빠라고 부를 땐 내 안에서 당신이 꿈틀댔어. 근데 당신은 날 배신했어. 내 심장을 찢어놨다고!"

사랑: "아뇨. 난 모든 것에 있어요. 난 어둠이자 빛이고, 햇빛이자 폭풍이에요. 네, 당신 딸의 웃음 속에 있었고 지금은 당신의 고통

속에 있어요. 난 세상 모든 것의 이유예요. 유일한 이유죠. 날 버리려 하지 말아요 하워드."

8. 하워드에게 자기의 깨달음을 얘기해주며 격려하는 매들린

"1년쯤 지난 후에 내게 변화가 생기기 시작했어요. 길거리나 지하철 안에서 갑자기 왈칵 울음이 터졌죠. 올리비아 때문이 아니라 다른 이유 때문에 눈물이 난 거예요. 내가 세상의 모든 것과 연결돼 있다는 기분이 들었죠. 그러곤 깨달았어요. 세상이 더 아름다워 보인다는 걸."

"그것들과 대화를 해요 하워드. 그것들에게 소리쳐요. 설득하고 도전하고, 뭐든지 해봐요!"

9. 딸에게 미움 받는 휘트에게 진실된 마음을 표현하도록 조언하는 에이미

에이미: "딸이 태어난 날 기분이 어땠는지 말해봐요."

휘트: "무서웠어요. 끔찍할 정도로 무서웠죠. 하지만 아길 안는 순간 난생 처음 느껴보는 기분이 들었어요…. 아기를 보고 사랑을 느낀 게 아니었어요. 사랑이 돼 버렸죠. 근데 지금은 나랑 얘기도 안 해요. 이혼이 내 탓이라고 화가 나 있죠."

에이미: "당신이 가진 그 저돌적인 집념과 지나칠 정도의 솔직함을 딸의 마음을 얻는 데 쏟아 부어요."

10. 죽음(브리짓)의 조언대로 아내에게 사실을 털어놓은 뒤 브리짓에게 얘기하는 사이먼

사이먼: "어렸을 땐 이런 생각을 했죠. 100살까지 살아서 뭐해? 건포도처럼 쭈글쭈글해지는데. 근데 지금은 100살까지 살고 싶어요. 그럼 우리 아들은 70살, 손자는 40살, 증손자는 10살이겠죠. 전 모두가 좋아하는 할아버지가 되고. 상상만 해도 좋아요."

11. 시간을 걱정하는 클레어에게 조언하는 시간(라피)

라피: "당신은 언젠가 좋은 엄마가 될 거예요."

클레어: "근데 그런 일은 없을 것 같네요. 시험관 아기도 싫고 이제 임신하기에 너무 나이들었으니까."

라피: "마약 딜러가 준 '멋진 신세계'란 책을 단숨에 읽었어요. 내겐 그 분이 아버지였죠. 그리고 다리 밑에 살던 노숙자 아줌마, 이름이 플로라였는데 아주 멋진 이야기들을 해줬어요. 내겐 그 분이 어머니였죠. 있잖아요 클레어. 배 아파 낳는 자식도 있지만 가슴으로 낳는 자식도 있어요. 그러니 시간과의 싸움이 끝났다고 생각 말아요."

12. 현실감을 되찾은 하워드가 친구들에게

"클레어, 회사에 평생을 바치면서 우리와 가족이 됐지만 정작 자신의 가족은 못 만들었지. 내 몫까지 하느라 고생했잖아. 고맙게 생각해. 사이먼, 다른 사람들한텐 잘 숨겼지만 난 네 병력을 알아. 안 그래도 힘든데 나 때문에 더 힘들었겠지. 약속해. 내가 살아있는 한 네 가족을 잘 돌볼게. 휘트, 내 최고의 절친. 근데 너한테 실망했어. 이 일 때문이 아니야. 아버지 노릇을 하는데 딸의 허락을 구할 필요는 없어. 앨리슨은 하늘이 준 선물이고 내일 어떻게 될지 모르는 거잖아. 내 말뜻 알지? 너희들은 할 일을 했어."

♥ 마음 돌보기

1. 나의 감정, 나의 생각

Q1. 주인공은 어떤 성격인가요? 또 나는 어떤 성격인가요?

Q2. 주인공은 왜 추상적인 것들에 편지를 썼을까요?

Q3. 가까운 사람을 잃었던 적이 있다면 그 상실의 감정에 위로가 된 것
    은 어떤 것이었나요?

Q4. 혹시 내가 받아들여야 하는 일이 있나요?

Q5. 내가 중요하게 여기는 가치관이 무너졌다면 다른 관점으로는 그
    것이 어떻게 보이나요?

2. 모델링

좋은 모델	나쁜 모델
하워드에게 음식을 사다 주고 돌보는 클레어 "저녁 먹으라고 저 아래 가게에 들러서 좀 사왔어. 자기가 좋아하는 새우요리야. 저녁 안 먹었을 수도 있으니까 문 앞에 두고 갈게." 치유 지지그룹에 온 하워드에게 대답을 강요하지 않고 기다려주는 매들린 매들린: "딸의 이름이 뭐예요?" 하워드: "말 못하겠어요." 매들린: "괜찮아요. 대답 안 해도 돼요. 아무 말 안 해도 돼요." 친구를 도우려는 노력을 멈추지 않고 그와 슬픔을 같이 하는 세 친구	무관심한 하워드의 집주인 음식을 문 앞에 놔두고 가려는 클레어에게 집주인: "거기 음식 놔두지 마요, 안 먹으니까" "월세가 또 늦었어요. 전화도 안 되는데 찾아가도 대답 없고" 클레어: "핸드폰이 없거든요. 얼마 밀렸죠? 제가 수표 써 드릴게요" 집주인: "그럼 고맙죠. 그 새우 요리도 주고 가시든가…지난 주에 두고 간 브로콜리 요리도 맛있더군요."

Q1. 혹시 사랑, 시간, 죽음에게 하고 싶은 말이 있다면 어떤 것인가요?

Q2. 그 외에 떠오르는 다른 추상적인 것들이 있나요?

Q3. 추상적인 것이나 신에게 편지를 쓴다면 어떤 말을 하고 싶은가요?

Q4. 친구들 중에 공감가는 인물이 있나요? 어떤 점이 공감이 가나요?

3. 영화 속 상징과 은유

편지는 하워드가 속마음을 표현하는 장치다. 사랑, 시간, 죽음에게도 편지를 썼지만 아내와 이혼할 때도 아내에게 편지를 썼다. 하워드는 광고계 일을 하는 사람이라서 생각을 정제하여 글로 표현하는 것이 익

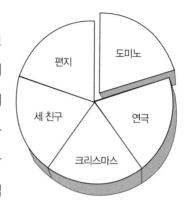

숙했을 것이다. 죽음과 논쟁할 때도 다른 작가들의 말을 인용한다. 편지는 그가 생각을 거듭하여 정제된 핵심적인 내용을 쓴 그의 진심이자 그의 가치관으로 볼 수 있다. 하워드가 편지를 쓰면서 변화는 시작되었다.

세 친구는 각각 하워드가 혼란을 겪고 있는 사랑, 시간, 죽음에 관한 가치관에 동일한 이슈를 가지고 있는 인물들로 그것이 하워드 개인의 문제가 아니라 누구나 그런 문제를 가질 수 있음을 의미한다. 꼭 자식을 잃지 않아도 누구나 삶에서 한 번은 마주하여 깊이 성찰해야 하는 핵심 가치를 상징한다.

크리스마스 시즌에 하워드는 치유 지지그룹을 찾아가고 사랑, 시간, 죽음을 만난다. 또한 연초까지 회사 인수에 대한 답을 주어야 하기 때문에 하워드가 중대한 결정을 내려야 하는 긴박한 시간이다. 크리스마스 같은 명절 시즌에 치유 지지그룹에 찾아오는 사람들이 많다는 매들

린의 말로 미루어보면, 산타 할아버지에게 편지를 쓰고 선물을 주고받으며 가족과 시간을 보내는 때, 하워드는 딸의 빈자리, 가족이 없는 텅 빈 집을 더 느끼며 추상적인 것들에 편지를 썼을 것이다. 크리스마스 시즌의 즐거움과 설렘이 하워드의 고통과 긴박한 회사의 운명과 대비되고 있으며, 디킨스의 소설 크리스마스 캐롤을 떠올리게 해 유령 혹은 추상적이고 초월적인 존재를 만난다고 해도 이상하지 않은 배경 설정이다.

연극은 친구들과 같은 물리적 공간에 있지 않는 하워드의 현실로 들어가는 장치이다. 삶은 연습하고 살 수 없기 때문에 우리 삶이 미리 정해지지 않은 즉흥 연기와 같다면 현실은 그 무대인 것이다. 상실을 받아들이지 않고 고통과 기억을 붙잡고 있는 사람은 현실에 발을 딛고 살지 않는다. 지금 우리의 현실을 강요하지 말고 그의 현실로 들어가라는 의미이다.

도미노는 오랜 시간을 들여 세우지만 하나를 건드리면 연쇄적으로 쓰러져 버리는 연약한 인간의 삶을 상징한다. 사랑과 시간과 죽음 앞에서는 어느 누구도 강하지 않다. 인간의 뜻대로 되지 않는 불가침의 영역인 것이다. 그러나 삶이 아름다운 것은 그러한 약함 때문이다. 무너진 도미노 조각들을 다시 세울 수 있듯이 약함에도 불구하고 인간은 결코 영원히 무너지지 않고 다시 일어설 수 있기 때문이다. 비디오 속에서 하워드는 딸과 도미노를 세우다 딸이 무너뜨리자 웃으며 다시 시작하자고 얘기한다. 사랑을 찾아다니던 바람둥이 휘트는 딸을 낳고 자신이 사랑 그 자체가 되어버린 사실을 기억한다. 자신을 원망하는 딸의 마음을 얻기 위해 다시 아버지 노릇을 시작한다. 막 아버지가 되었는데 병이 재발해 죽어가고 있는 사이먼은 잘 살고 건강한 척하는 것이 아니라 죽음을 받아들이고 가족에게 작별할 시간을 주며 초연해진다. 시간이 흘러 임신 가능성이 사라지게 될까 두려워 정자 기증자 사이트만 들여다보던 클레어는 꼭 내가 낳아야만 자식이라는 생각에서 벗어나게 된다. 이렇게 도미노는 한 가지 생각이 바뀌면 삶 전체가 바뀐다는 의미로도 볼 수 있다.

Q1. 영화를 본 후 떠오르는 이미지를 그림으로 그린다면 어떤 것들을 그리고 싶은가요?

Q2. 자신에게 도미노 같은 현상이 일어났던 적이 있나요?

Q3. 혹시 주위에 다른 현실을 살고 있는 사람이 있나요? 있다면 그의 현실은 어떤 것일까요?

Q4. 우리는 모두 다 다른 시간을 살고 있습니다. 나는 어떤 시간을 살고 있나요?

상실과 애도

가깝지 않은 사람이라도 갑작스러운 죽음으로 헤어지게 되면 마음한 구석이 허전하고 아릿한 기분이 드는 것이 인지상정이다. 하물며 친밀하고 사랑하는 사람을 죽음으로 잃었을 때 우리는 큰 충격으로 힘들어하고 깊은 슬픔에 빠지게 된다. 평소에는 가까이 느끼지 못하다가갑자기 눈 앞에 훅 다가온 이별은 내면에 큰 파장을 일으킨다. 언제나그 자리에 있을 것만 같았던 사람이 영영 떠나버렸다는 사실을 받아들이는 데 시간이 걸리는 법이다.

이러한 상실에 슬퍼하고 눈물을 흘리며 죄책감을 느끼는 정상적인반응도 있지만 비정상적인 반응을 보이는 비애도 있다. 이는 사별의 충격을 힘들게 겪으며 충분히 슬픔을 해소하지 못했을 때 나타나는 반응이자 심리적 고통에서 벗어나려는 과잉 활동이다. 술을 마셔 고통을 느끼는 감각을 차단하려 한다든지, 하워드처럼 도미노에 열중하거나, 찰리처럼 게임을 하거나 늘 음악을 들으며 소통을 차단하거나 늦은 밤까지 소극장에서 코미디 영화를 보는 등 고통스러운 감정을 잠시라도 잊기 위해 필사적으로 노력하는 것이다. 또는 특정 대상에게 과도한 분노를 나타내거나 반대로 증오심을 과도하게 억제하여 표정과 행동이 경직되어 있고 감정이 없는 로봇처럼 행동하기도 한다.

상실과 이별은 충분히 슬픔을 표현하고 감정을 다루면서 해소하는일련의 애도 과정을 거치면서 회복해야 한다. 보통 애도는 5단계를 거쳐 이루어진다.

첫째, 부인(Denial)하는 단계다. 이는 애도의 전단계로 현실을 부정하고 인정하지 않으려 한다. "아, 난 괜찮아." 혹은 "아냐, 그럴 리가 없어, 설마 아니겠지." 같은 반응을 보인다.

둘째, 분노(Anger)하고 항의하는 단계다. 자신이나 타인에게 혹은 처한 상황에 분노하며 적대감을 드러낸다. "왜 하필 나죠? 불공평해요." 혹은 "이게 다 너 때문이야!" 같은 반응을 보인다.

셋째, 타협(Bargaining)하는 단계다. 초자연적인 존재와 타협하려 하거나 다른 내용으로 돌린다. 신앙이 없던 사람도 기도를 하고 조건을 제시하며 뭔가를 얻어내려 한다. "지금 살려주시면 전 재산을 교회에 바치겠습니다!" 혹은 "그래도 우리 계속 친구로 지낼 수 있는 거지?" 같은 반응을 보인다.

넷째, 우울(Depression)의 단계다. 상황을 이해하고 받아들여 다시 적응하려는 과정에서 깊은 슬픔과 더불어 후회, 걱정, 불안감 등을 느끼게 되고 다른 사람과의 교류를 피할 수도 있다. "지금 이렇게 슬픈데 그런 게 다 무슨 소용이지?" 혹은 "이런 세상 계속 살아서 뭘 어쩌겠어?" 같은 반응을 보인다.

다섯째, 인정하고 수용(Acceptance)하는 단계다. 상황을 있는 그대로 인정하고 수용하며 정상적으로 회복된다. 이렇게 애도하는 과정을 반복적으로 경험하면 빠르게 회복될 수 있다.

사별에 의한 우울증치료는 비정상적인 애도를 정상적인 애도의 방향으로 나아가게 하고 그 과정을 더 잘 지나갈 수 있도록 각 단계를 충분히 경험하게 하는 것이 중요하다. 상실은 누구나 우울을 경험하게 한다. 상실한 대상의 의미와 상실을 경험하는 사람의 성격적 특성에 따라 강도의 차이가 있을 뿐이다. 상실로 인해 우울을 경험하는 것은 자연스러운 일이며 그 심리적 단계를 거부하거나 억누르지 말고 충분히 각 단계를 경험해야 한다. 감정을 억누르지 않고 있는 그대로 느끼면 우울감이 더 심해진다고 느낄 수도 있는데 상담과 치료를 통해 지지와 공감을 받으면 그 과정을 혼자 견디는 것이 아니라 격려 속에서 건강하게 회복하는 데 도움이 될 것이다.

상실은 비단 사랑하는 사람과의 사별만 의미하는 것은 아니다. 그 대상은 우리에게 의미 있는 모든 것이 될 수 있고 나 자신이 될 수도 있다. 영화 『인사이드 아웃』에서 이사를 가 과거의 관계와 추억 등을 잃게 된 아이는 슬퍼할 겨를도 없이 적응해야 하고 늘 밝고 활발한 딸의 역할을 해야 해서 충분히 애도할 시간을 갖지 못해 문제가 생긴다. 이렇게 우리가 잃어버린 것은 '사람'일수도 있지만 어떤 '무엇'일 수도 있다. 관계의 단절이나 남에게 별 것 아니어도 나에겐 중요한 모든 대상을 잃는 것이 상실이다. 또 질병이나 가난 혹은 부모의 이혼 등 어린 시절의 불우한 상황이나 환경 때문에 욕구를 억누르고 참느라 어린 아이 노릇을 하지 못하고 일찍 어른이 된 사람들의 경우 잃어버린 어린시절을 애도하는 과정을 겪기도 한다. 사실 돌아보면 상실은 이미 우리의 일상이자 운명인 것을 알 수 있다. 이렇게 과학과 의학이 발달한 현대에도 연로하신 부모님은 돌아가시고 질병으로 배우자나 형제 자매를 잃는다. 사랑하는 연인은 이별을 맞이하고 친구들은 영원하지 않으며, 건강한 어린 생명들이 사라지는 자연재해나 크나큰 사건 사고가 끊이지 않는다.

애도는 잘 잊으려는 노력이 아니라 슬픔을 정제하고 상처를 치료하여 소중하게 잘 기억하고 보존하려는 노력이다. 충분히 애도하면 앞으로 나아갈 수 있다. 그 과정이 생략되면 억압했던 감정과 치유되지 못한 상처가 반드시 어느 날 일상의 수면위로 떠오른다. 슬퍼해야 할 때 슬퍼하지 못하면 다시 그 감정을 꺼낼 적절한 타이밍을 찾기가 어렵다. 우리가 흔히 하는 말처럼 시간이 지나면 잊힐까? 슬퍼하는 사람에게 그만 잊으라고 해야 할까? 아니다. 다시 그 감정을 꺼내 놓고 들여다보며 충분히 슬픔을 표현해야 한다.

슬픔을 표현하는 것에 익숙하지 않은 사람들도 많다. 특히 한국 남자들의 경우 다른 사람 앞에서 눈물을 보이거나 감정을 표현하는 것을 극도로 꺼리는 경우가 많다. 또 감정 표현을 쉽게 볼 수 없는 문화 속에서 자란 경우 누군가의 감정 표현에 당황하여 적절히 반응을 못하는 경우도 많을 수밖에 없다. 게다가 과도하게 분노를 표현하는 사람들은 어디서도 환영받기가 힘들다. 가족이나 친구들이 이해하고 지지해주려 해도 당사자는 혼자만의 고통으로 느껴 건강한 관계와 소통이 잘 이루어지지 않는 경우가 많다. 이럴 때 당사자나 가족이 비관적으로 가능성이 없다고 생각하는 경우가 많은데 주위로 눈을 돌려 전문적인 도움을 줄 수 있는 곳을 찾아야 한다.

3부
폭력과 죄책감

5장 가장하는 우울

〈우아한 거짓말〉

| 개요 : 드라마/ 한국/ 117분/ 2013
| 감독 : 이한
| 출연 : 김희애(현숙), 고아성(만지), 김향기(천지), 김유정(화연)
| 등급 : 12세 관람가

이 영화는 학교폭력을 소재로 하고 있다. 영화 포스터에 모두 활짝 웃고 있는 한 가족은 보이는 모습 그대로 서로 사랑하고 행복한 엄마 현숙(김희애 분)과 두 딸이다. 그러나 늘 엄마를 생각해 예쁜 말만 골라서 하는 막내딸 천지(김향기 분)는 학교에서 은근히 왕따를 당하고 있으며 친구가 없다. 자신이 우울증인 걸 알고 어떻게든 그걸 숨기느라 공부도 열심히 하고 가족들 앞에서 늘 웃어 보이지만 어느 날 갑자기 자살하고 만다. 생계를 책임진 싱글맘 엄마는 언제나 밝고 당당하지만 연애도 생활도 힘들어 지친 모습이다.

천지가 갑작스럽게 떠난 후 일하다 배가 고파 급히 국수 한 그릇을 먹던 엄마는 자식을 보내고도 음식이 입으로 들어가는 자신을 보며 울음을 터뜨린다. 천지가 빨간 털실로 목도리를 떠달라고 했던 걸 기억하고 어느 날 뜨개질을 시작한다. 털실뭉치가 다 짜여갈 때쯤 천지가

실 뭉치 속에 숨겨 놓은 유언 메모를 발견한다. 늘 당찬 언니 만지(고아성 분)는 천지가 유서도 남기지 않고 죽은 후에 이유도 알 수 없어 황망한 상태였지만 엄마가 발견한 털실 뭉치 속 메모를 본 뒤 죽음의 실마리를 찾아간다. 조금씩 단서를 찾아가던 만지는 천지의 친구 화연이(김유정 분)가 의문의 중심에 있음을 눈치채고, 화연이를 지켜본다. 왕따시키던 아이들은 죄책감을 느끼면서 화연이를 비난하여 화연이는 천지의 입장이 된다. 사실 화연이도 왕따였지만 친구 없는 천지를 이용하여 친구인 척하면서 아이들과 함께 은근히 천지를 왕따시키며 자신은 '우리'라는 무리 속에 있음을 확인하는 것이었다. 늘 물질 공세로 아이들을 조종하고 천지를 가지고 놀았던 것이다.

천지에게 잠시 마음이 통하는 친구 미라(유연미 분)도 있었다. 학교 뒤편에서 둘만의 시간을 가지며 서로를 알아주는 듯하다가 자기 아빠가 만나는 사람이 천지 엄마라는 것을 우연히 알게 된 미라는 불행한 자기 엄마에 대한 연민으로 천지를 미워하게 되고 이유도 얘기해주지 않은 채 천지에게 매몰차게 상처를 주는 말을 한다. 다시 혼자가 되어 아무도 없는 천시에게 화언이는 우리는 친구라고 강조하며 자기 생일 선물을 달라, 기념 선물을 교환하자면서 괴롭힌다.

엄마는 일부러 화연이 부모님이 운영하는 중국집 앞에 있는 아파트로 이사를 가서 화연이 엄마 앞에 자주 나타난다. 화연이가 천지에게 요구했던 MP3를 사서 천지 대신 화연에게 전해달라며 준다. 화연이 엄마는 딸이 가해자인걸 알고도 자식을 감싸려는 모습을 보인다. 그러나 천지 엄마도 화연이 엄마도 그토록 딸을 아끼고 사랑했지만 딸을 학교에 보낼 수밖에 없었고 결국 폭력으로부터 딸을 보호하지 못했다. 천지가 떠난 뒤에야 엄마는 천지가 학교에 가기 싫어할 때 아파도 학교에 가서 아프라고 등을 떠밀었던 것을 후회한다. '아이가 학교에 가기 싫다고 할 때는 다 이유가 있는 것인데…'라고 하며 가슴을 쓸어내린다. 화연이 엄마는 사과를 하려고 시도하지만 천지 엄마는 받으려 하지 않는다.

화연이는 차츰 학교를 빠진다. 따돌리는 분위기를 견딜 수 없어 학교에 갔다가도 다시 빠져나온다. 이사를 가고싶어 중국집 배달 그릇을 몰래 갖다 버리고 아무도 없는 곳을 배회한다. 그런 화연이를 발견한 만지는 화연이를 지키겠다고 결심한다. 화연이가 밉지만 그 애가 또다른 천지가 되는 것은 원하지 않았기 때문이다. 집에 돌아가는 길에 화연이는 만지의 어깨에 기댄다.

옆집 청년 추상박(유아인 분)은 도서관에서 가끔 천지를 마주치고 대화를 하기도 했다. 천지는 그에게 어렴풋이 속내를 비쳤다. 만지는 그의 얘기를 듣고 천지가 우울증을 괜찮은 척 가장하려고 우울증에 관한 책을 여러 권 읽었다는 것을 알게 된다. 사랑스럽고 어린 평범한 열네살 천지는 그렇게 숨기고, 혼자 버티고, 엄마를 힘들게 하지 않으려고 애쓰고 애쓰다 어느 날 그 모든 것을 놓고 만다.

주인공의 우울증에 영향을 미친 요인

하나, 천지는 교복도 반듯하게 다려서 입어야 하고 아이들의 괴롭힘이 잠재적인 살인이라고 느낄 정도로 섬세하고 민감하다. 마음이 여리고 다른 사람의 기분을 예민하게 느끼는 아이라서 자신의 감정도 더 아프게 느꼈을 것이다.

둘, 엄마의 마음을 신경 써 말도 예쁘게 하고, 엄마가 연애도 하고 행복하기를 바랄 정도로 속이 깊다. 생계를 책임진 엄마에게 부담을 주지 않으려고 뭘 사달라고 조르지 않는 아이였다. 우울증을 들키지 않으려고 책을 읽고 공부해서 반대로 행동할 정도로 생각을 깊이 하는 아이이다. 중학생 아이답지 않게 어른을 신경 쓸 정도로 속이 깊다 보니 표현하지 못한 아픈 마음이 내면으로 향해 우울이 깊어졌을 것이다.

셋, 초등학교 때부터 아이들에게 왕따를 당해 지속적으로 폭력에 노출되어왔다. 어린 시절의 부정적 경험은 주요우울장애의 잠재적인 위험인자 중 하나이다. 화연이로부터 친구인 척 가장하며 줄곧 뭔가를 사달라고 요구하는 괴롭힘을 당하고 다른 아이들도 왕따에 공모하는 분위기 속에서 학교를 다녔고, 그런 아이라도 없으면 자기에게는 아무도 없다고 생각한다.

넷, 자기 존재감을 지키기 위해 하기 싫은 공부를 계속 열심히 하는 등 필사적으로 노력하고 애를 썼던 천지는 순간순간 무기력하고 우울한 모습을 보인다.

DSM_5에 비춰본 주인공의 우울 증상

영화는 천지의 우울증에 초점을 두고 묘사하지는 않았지만 관객이 충분히 유추할 수 있는 정황들을 보여준다. 짧은 장면이나마 영화 속에서 보인 천지의 우울증상을 살펴보자.

1. 기분 저하증

천지는 학교에 있을 때 표정이 밝지 않고 기분이 가라앉아 보인다. 웃고 떠드는 아이들 속에서 고립된 외로운 섬처럼 천지 주변엔 아이들이 없다. 말수도 적고 위축된 모습의 천지에게 다가와 말을 거는 아이는 친구인 척하며 괴롭히는 화연이 뿐이다. 천지는 혼자 뜨개질을 하며 쉬는 시간을 보낸다.

2. 자살예고

짜장면을 먹자는 엄마의 말에 싫다고 하며 "짜장면 때문에 나 죽을 거야" 라고 한다. 학교에서 발표할 때도 괴롭히는 아이들을 염두에 둔 듯 "당신은 예비 살인자는 아닙니까?" 라는 말을 한다. 이는 괴로운 상황을 죽음과 연관시키는 천지의 사고를 보여준다. 그리고 천지는 죽기 전 가족과 친구들에게 빨간 털실뭉치를 주었는데 이는 천지가 자살을 준비해왔다는 증거다. 가족도 주변 사람들도 처음엔 유서를 찾지 못했지만 나중에 5개의 털실뭉치 속에서 천지의 유서를 하나씩 발견한다.

3. 꾀병

엄마에게 꾀병을 부리며 학교에 가기 싫어하는 모습을 보인다. 엄마는 천지가 죽은 후 그 사실을 회상하며 아이가 학교를 가기 싫어할 땐 다 이유가 있다는 것을 깨닫는다. 학교폭력 등의 어려움이 있는 아이들의 경우 학교에 가기 싫어하며 실제로 신체 증상으로 나타나기도 한다. 배가 아프거나 머리가 아프거나, 기력이 없고 감기 기운처럼 느껴질 수 있다.

4. 노력

노력은 주요우울장애의 진단적 특징이다. 가벼운 우울증을 앓고 있을 경우 정상적으로 기능하는 것처럼 보이지만 그런 상태를 유지하기 위해서는 상당한 노력이 요구된다. 천지도 공부를 싫어하지만 성적이 안 좋으면 사람들이 자기 말을 안 믿어준다며 자신의 말이 공중분해되지 않도록 공부를 열심히 한다. 그리고 우울증인 것을 감추기 위해 책을 읽어 증상들을 공부해 반대로 행동하는 등 필사적인 노력을 한다. 그래서 천지가 죽을 때까지 가족들도 눈치 채지 못할 정도였다. 왕따를 당하면서도 혹시라도 친구가 생기지 않을까 하는 희망을 품고 있었는지 아이들이 싫어할까 봐 천지는 우울증 티를 안 내려고 애썼다.

5. 죽음에 대한 관심

천지가 아람도서관에서 빌린 책의 목록을 보면 천지의 관심사가 드러나 있는데 우울증이나 죽음에 관련된 책들이 많았다. 도서관에서 가끔 마주치는 청년 추상박이 천지가 읽는 책을 보자 친구가 우울증이라고 둘러대고, 언니에게 넌지시 힘든 마음을 표현할 때도 친구 얘기를 하듯 가장할 때가 많았는데 죽음에 대한 생각만큼은 아무에게도 표현하지 않고 혼자 생각해 온 것을 알 수 있다. 이렇게 죽음 밖에 해결책이 없다고 생각하는 것이 우울한 사람들의 사고이며, 혼자 죽음에 관심을 갖고 알아보는 특징이 있다.

영화 속 치료방법과 과정

안타깝게도 이 영화는 우울증상을 가진 천지가 자살을 한 이후의 상황이 주요 줄거리여서 천지는 상담을 포함하여 적절한 도움을 받지 못한 것으로 묘사된다. 그러나 천지가 왕따를 당하고 있음을 담임 선생님은 알고 있었고 미약하나마 도우려 했던 것으로 보인다. 무엇보다 영화의 초점은 천지가 자살한 이유를 알아보던 언니 만지와 그리고 화연의 괴롭힘에 대해 알고 있었으나 해결하지 못했던 엄마가 각자의 방법으로 애도하고 상처를 싸매는 과정에 있다. 다행히 약간 주책스럽게 느껴질 정도로 털털한 성격의 엄마와 나름 쿨한 만지가 자신을 잃지 않고 감정도 잘 표현하며 아픔을 승화시키는 결말을 보여준다. 만지의 꿈에서 천지가 죽기 전 시간으로 돌아가 엄마와 만지는 천지를 꼭 안아준다. 그렇게 천지의 죽음을 막고 싶은 소망은 꿈으로 나타났고 그 꿈은 만지의 마음을 어루만졌다.

미리 알았더라면, 조금이라도 티가 났더라면, 아니 조금 더 세심하게 살폈더라면 알아챘을 수도 있었을텐데, 어떻게든 도울 수 있었을지 모르는데… 라고 남은 자들의 안타까운 마음은 애통할 것이다. 많은 이들이 안타까워하는데도 여전히 예기치 못하고 허망하게 보내는 어린 생명들의 소식이 잊을 만하면 들려온다. 슬프고 고통스럽지만 조금이라도 기운을 낼 수 있는 사람들부터 남겨진 가족과 친구들의 상처를 보듬는데 눈을 돌려야 한다.

영화에서 천지가 받았던 도움은 담임 선생님이 엄마에게 전화를 걸어 화연이가 천지를 괴롭히고 있으니 떼어 놓는 것이 좋겠다고 알려주는 것 외에는 없다. 담임은 왕따당하는 아이가 있으면 성격이 원만한 아이에게 말을 걸어주라고 부탁하기도 한다. 그러나 그런 방법으로는 왕따 문제를 해결하지 못하고 아이들에게 학교는 지옥이 되어갔다.

학교 폭력은 영화를 통해 알 수 있듯이 심각한 정신적 피해를 남긴다. 이는 개인과 가정을 파괴할 수 있으며 더 나아가 사회전체를 어둡게 만들 위험성이 있다. 따라서 이는 모두의 다각적인 노력이 필요한 사회적 문제로 바라보아야 한다.

생각해 볼 주제 대사

1. 천지 물건을 천지네 집에 갖다주는 화연이와 만지의 대화

화연: "천지는 친구 저 밖에 없어요"

만지: "너 때문에 너 밖에 없었던 건 아니구?"

2. 도서관에서 만지에게 천지 얘기를 해주는 추상박

"살다 보면 애먼 사람한테 속 얘길 할 때도 있는 거야. 애먼 사람은
비밀을 담아둘 필요가 없잖아. 내가 그 애먼 사람이야."

"너무 자책하지 마. 원래 가족이 더 모르는 거야. 그래서 가족이야.
모르니까 평생 끈끈할 수 있는 거지."

3. 천지를 그리워하는 만지와 엄마

엄마: "천지는 애교도 많고 엄마 마음도 잘 알아줬는데…"

만지: "그럼 있을 때 신경 좀 써주지 그랬어. 천지 힘들어할 때 엄
마랑 나 신경도 안 썼잖아. 자식은 가슴에 묻는다며. 근데 엄마는
아닌 것 같애. 그냥 다 흘려보낸 것 같다구."

엄마: "어떻게 해… 콘크리트를 콸콸 붓고 그 위에 철물을 부어 굳
혀도 안 묻혀. 묻어도 묻어도 바락바락 기어 나오는 게 자식이야.
미안해서 못 묻구, 불쌍해서 못 묻구, 원통해서…"

4. MP3를 주고 돌아서는 천지 엄마에게 화연이 엄마가 사과하려는 듯한 상황에서

천지 엄마: "사과하실 거면 하지 마세요. 말로 하는 사과는요 용서
가 가능할 때 하는 겁니다. 받을 수 없는 사과를 받으면 억장에 꽂
혀요. 게다가 사과 받을 생각이 전혀 없는 사람한테 하는 건 아니
지. 그거 저 숨을 구멍 파놓고 장난치는 거예요. '나는 사과했어. 그
여편네가 안 받았지' 그럴 거잖아."

5. 미란이와 미라를 챙기면서 천지 엄마가 하는 말

"내 새끼도 못 챙기면서 무슨…부모가 똑바로 안 살면 그 업이 자식한테 간다더니…"

"피한다고 피해질 사람 없구, 막는다고 막아질 사람 없어. 뭐 대단한 사람 모양 다 용서하고 사랑할 필요도 없구, 미우면 미운대로, 좋으면 좋은대로 그거면 충분해. 그렇게 사는거야."

6. 천지의 수행평가 발표 '선입견이란 얼마나 무서운가'

"조잡한 말이 사람을 죽일 수도 있습니다. 당신은 혹시 예비 살인자는 아닙니까"

7. 수업시간 천지의 발표 후 천지에게 했던 말을 회상하는 미라

천지: "화연이나 너나 누구 하나 괴롭혀야, 그래야 친구가 생기는 줄 아나 본데, 해 봐. 힘껏. 난 꿈쩍도 안 해."

미라: "나랑 화연이랑은 다르죠. 나야 이유가 있고, 걔? 그냥 걔 누구 하나 죽어야 정신차리는 애야."

천지: "너, 너는 무슨 구경이 하고 싶은 거니?"

8. 미라에게 남긴 편지

"알아도 가슴에 담아둘 수는 없었을까? 가끔은 네 입에서 나온 소리가 내 가슴에 너무 깊이 꽂혔어. 그래도 용서하고 갈게. 처음 본 네 웃음을 기억하니까."

9. 화연이에게 이유를 묻는 만지

"천지한테 왜 그랬어? 다들 천지한테 왜 그랬냐고!... '그 정도로 죽어? 걔 원래 좀 이상한 애 아니야?' 다들 그렇게 말하는데 어딜 가서 말해. 그 작은 애가 얼마나 힘든지, 아픈지, 가슴 찢어지는지 어떻게 말하냐고"

10. 화연이를 지킬 결심을 한 만지

"너 앞으로는 사람 가지고 놀지마. 네가 아무리 양손에 근사한 떡을 쥐고 있어도 그 떡에 관심없는 사람한테는 너 별거 아니야. 그리고 난 네가 지쳐서 천지 따라가지 않게 지킬거야. 너 좋아서 그러는 거 아니야. 내 동생이 죽어서까지 '천지 때문에' 소리 들으면 안되니까 지키는거야. 지금부터 시작이야."

11. 천지의 다이어리 속 메모

'공기 청정기는 있는데 왜 마음청정기는 없는 걸까?'

♥ 마음 돌보기

1. 나의 감정, 나의 생각

Q1. 영화를 본 후 떠오르는 학창시절의 기억이 있나요?

Q2. 천지가 떠난 후 가족들의 모습은 어떤가요?

Q3. 학교 아이들이 어떻게 행동하면 상황이 달라졌을까요?

Q4. 혹시 죽고 싶은 마음이 들 정도로 괴로웠던 적이 있었나요? 어떻게
그런 시간들을 견뎠나요?

2. 모델링

좋은 모델	나쁜 모델
아이들을 도우려고 애쓰는 담임 선생님 천지가 죽은 후 천지 체육복을 사물함에 몰래 갖다 놓으려는 아이를 혼낸다. "네가 빌려가고도 감사한 마음으로 찾으러 가야 되니? 빌려주는 천지는? 안 빌려주면 뭔 일 일어날까봐 벌벌 떨었을 천지는?" 화연이를 지키려는 만지 "일어나. 이런 데 혼자 있으면 위험해…이제부터 네가 지쳐서 천지 따라가지 않게 지킬 거야" 학교 폭력 피해자인 동료 조카에게 먹을 것과 용돈을 주며 조언하는 천지 엄마 "괜찮아. 받아도 돼. 대신 부탁하나 할까? 네 엄마한테 꼭 말해, 꼭이야. 안 그럼 아줌마가 가서 말해줄 거야."	애들의 일을 방치하는 화연이 엄마 화연이가 천지를 괴롭힌다고 떼어 놓는게 좋겠다는 담임 선생님 전화를 받고 화연 엄마를 찾아간 천지 엄마에게 화연 엄마: "애들 일은 애들이 알아서 해결해야지." 천지 엄마: "애를 영특하게는 키워도 영악하게는 키우면 안되죠." 화연 엄마: "뭐여요? 아니 애를 곰처럼 키운 댁이 잘못이지." 일도 하지 않고 애들에게도 신경 쓰지 않으며 폭력적이며 부모 역할을 등한시해 애들에게 존경받지 못하는 미라 아버지 미란: "미라 이제 학원 다녀야 돼요. 초등학교랑은 달라요." 아버지: "뭐가 달라? 중학교는 선생님 없어?"

학교 담임 선생님은 다툰 아이들을 화해시키거나 괴롭힘 당하는 애들의 부모님께 알리고, 따돌림받는 아이에게 말을 걸어주기를 다른 아이에게 부탁하며 아이들의 잘못이 눈에 띄면 혼을 내는 등 교사로서 많

은 노력을 한다. 비록 모든 노력이 다 효과적이지는 않았지만 그래도 교사로서의 열정이 보이고 이 영화에서 폭력을 막으려 노력하는 유일한 어른의 모델이다. 동생을 세심히 살피고 돌보는 미란이나 주변 사람에게 선선히 따뜻한 도움을 주는 추상박도 영화에서는 바람직한 모델로 등장한다. 연약한 사람들이 함께 더불어 살아가는 이 세상을 그나마 숨쉴 수 있는 공간으로 만들어주는 것은 바로 이런 사람들이다.

Q1. 학교생활에 어려움이 있는 아이에게 부모가 할 수 있는 일은 어떤 것일까요?

Q2. 만약 내 동생이 어려움을 겪는다면 어떻게 하고 싶은가요?

Q3. 천지가 다른 선택을 했더라면 어떤 결과가 왔을까요?

3. 영화 속 상징과 은유

붉은 색 털실은 천지가 늘 학교에서 혼자 있는 시간을 견디느라 뜨개질을 하던 것이고, 미라와 가까와지는 계기이며, 천지의 자살 도구이자 유언을 숨겨 자살을 준비하는 장치이다. 붉은 실은 문학이나 미디어작품 등에서

인연이나 운명 혹은 수명 등 많은 의미를 부여하는 상징인데 이 영화에서는 천지의 고통의 시간을 보여준다.

천지에게 짜장면은 괴롭히는 화연이를 떠올리게 하며 따돌림을 당하면서 짜장면을 먹었던 경험 때문에 싫어하는 나쁜 기억을 남긴 것이다. 천지는 짜장면 때문에 죽을 거라고 말하며 눈물을 보인다. 또 화연이에게는 벗어나고 싶은 자신의 처지를 나타낸다.

유서는 천지의 마지막 유언을 쓴 편지인데 쉽게 찾을 수 없도록 털실 뭉치 속에 숨겨 놓는다. 유서가 없어서 만지는 답답해한다. "유언이 없는 건 무슨 유언일까요? 묻지도 알지도 말아달라는 건지, 제발 알아달라는 건지…" 살아있을 때 소극적으로 힘들다는 것을 알렸던 천지는 유서만큼은 천지를 기억하며 털실을 찾아봐야 찾을 수 있도록 치밀하게 준비했다. 천지의 진심을 전하는 유서들은 받은 사람들에게 큰 파장을 일으킨다. 마지막까지 발견되지 못한 다섯 번째 유서는 다른 우

울한 사람을 돕고자 했던 것을 보여준다.

교복은 천지가 잘 다려 입고 반듯한 모습으로 가겠다는 마음으로 죽음을 준비한 것으로 볼 수 있다. 또 교복은 아이들의 성격을 드러내는데 쿨한 만지는 한 시간이면 구겨진다며 다리지 않고 그냥 입고 치마길이도 신경 쓰지 않는다. 만지 친구이자 미라의 언니인 미란이는 일진스럽게 입어줘야 애들이 안 건드린다며 치마를 짧게 줄여 입었다. 천지는 반듯하게 입기 위해 아침에 정성 들여 교복을 다린다. 그리고 교복을 입은 채로 자살을 한다. 나중에 엄마는 천지의 교복을 반듯이 다려 걸어 놓는다. 천지는 영원히 중학생으로 남았고 교복을 보는 모든 사람들에게 학교 폭력이라는 해결해야 할 과제를 남겨주었다.

MP3는 천지가 괴롭힘을 당한 증거다. 요즘 아이들이 잘 사용하지도 않는 것을 화연이는 생일선물로 달라, 절친 기념으로 선물교환하자면서 천지에게 요구한다. 자기는 디카를 주겠다고 하니 거절할 수도 없는 천지는 어렵게 엄마에게 사달라 말을 하고는 그날 학교를 가지 않고 괴롭힘 당하던 생을 끝낸다. 천지가 떠난 후 엄마는 MP3를 화연이 엄마에게 갖다 주지만 화연이 엄마는 딸을 위해 그것을 쓰레기통에 버린다.

Q1. 학교는 어떤 곳인가요?

Q2. 교복을 보면 떠오르는 사람이 있나요?

Q3. 영화 속에서 눈에 들어온 다른 사물이나 사람 혹은 상황이 있나요?

학교폭력

학교폭력은 1972년 하이네만Heinemann이 처음 보고한 뒤로 그 심각성이 더해지고 있는데 신체적, 언어적, 정서적 공격 등 세 가지 유형으로 구분하고 있다. 우리나라에서 그 심각성을 인지한 것은 비교적 최근의 일이고 현재 학교폭력에 대해 학교폭력 예방 및 대책에 관한 법률을 적용하고 있다. 학교폭력이란 "교내 · 외에서 발생하는 폭행, 상해, 감금, 협박, 약취 · 유인, 명예훼손 · 모욕, 공갈, 강요 · 강제적인 심부름 및 성폭력, 따돌림, 사이버 따돌림, 정보통신망을 이용한 음란 · 폭력 정보 등에 의하여 신체 · 정신 또는 재산상의 피해를 수반하는 행위를 말한다"(학교폭력예방법 제 2조 1호). 학교폭력의 피해자는 심각한 심리적, 신체적 문제를 경험하게 되는데 일부는 자해나 자살 같은 자기파괴적 행위를 하기도 하는 등 청소년의 우울증 및 자살은 학교폭력과 연관성이 깊다(조윤오, 2012). 몇 가지 사례를 보자.

1999년에 23살 대학생 김모씨가 옥상에서 분신자살을 했는데 김씨의 아버지의 말에 의하면 아들이 고등학교 1학년 때 친구들로부터 왕따를 당해 학교에 가기 싫어하는 등 우울증세를 보여 1년간 휴학한 적이 있으며 이후 우울 증세가 심해져 제때 대학에 진학을 못했고 3년전부터는 정신과 치료를 받아왔다고 한다(연합뉴스1999.06.26).

2016년 7월 22일에 독일 뮌헨 북서부의 도심 올림피아쇼핑몰에서 총기 난사로 9명이 숨지고 20여명이 다치는 사건이 있었다. 범인은 18세

의 이란계 독일인 알리 다비트 존볼리인데 그가 이란계여서인지 처음
엔 이슬람 극단주의의 테러로 의심받았으나 경찰은 범인에게 학교폭력
의 배경이 있음을 밝혔다. 범인은 폭력 및 왕따의 경험이 있었으며 우울
증 치료를 받는 등 학교생활에 어려움을 겪었고, 지인과 언쟁하는 예
전 동영상에서 자신이 7년간 학교에서 괴롭힘을 당했다고 하였다. 결
국 범인은 자살을 했는데 이 사건은 학교폭력이 개인과 가정뿐 아니라
사회와 국가에 심각한 상처와 피해를 남길 수 있음을 시사한다(뉴시스.
2016.07.24).

　2017년에도 울산에서 학교폭력으로 억울함을 호소하다 자살한 이
승민(14)군의 진상규명과 가해자 처벌을 위해 싸우던 아버지 이석근 씨
가 6개월만에 자살기도를 해 중태에 빠지면서 언론에 알려져 큰 파장
을 일으키기도 했다. 이 사건은 학교폭력 신고와 조치가 적절히 이루어
지는지에 대한 의문을 불러일으켰고 그가 남긴 가슴 아픈 유서의 내용
은 비극이 악순환되는 우리 사회의 모습을 적나라하게 드러냈다(정락인
닷컴. 2017.12.26)

　학교폭력 피해자 10명중 4~5명은 '자살' 생각을 한다. 그들의 고통
은 심각한 수준이며 조사결과 그중 7명 정도는 가해학생에게 복수의
충동까지 느끼는 것으로 나타났다(매일경제. 2013.04.22). 피해자가 다시
가해자가 되기도 하고, 청소년 시기에 끝나지 않고 성인이 되어서까지
삶의 심각한 문제로 남기도 한다. 학교폭력의 한가운데에 청소년들이

있다. 무엇이 우리 아이들로 하여금 누군가를 괴롭혀 우울증에 빠지게 하고 죽음에 이르게 하는지 누가 명쾌하게 설명해줄 수 있을까?

아이들의 세계는 어른들이 개입할 수 없는 면이 많아 상당히 폐쇄적이다. 그들만의 세상에 그들만의 문화와 소통방식이 있다. 그런 아이들에게 어른들의 가치관을 주입하고 강요하는 것은 그다지 효과적이지 않아 보인다. 여기서 우리는 교육이라는 더 큰 명제를 검토해 보아야 할 것이다. 아이들을 교육한다는 것, 그리고 돕는다는 것은 과연 어떤 것인가? 아이들은 어른들에게 배우며 도움을 요청하는데 과연 우리는 적절한 가르침과 도움을 주고 있는가? 문제가 드러났을 때 대처할 수 있는 법적인 제도도 물론 필요하지만 처음부터 그것을 예방할 수 있어야 하지 않을까? 학교폭력예방법이라는 표현에 걸맞게 말이다. 사실 우울증 치료나 법률은 문제가 수면위로 떠오른 뒤에야 필요한 것이다.

지금은 학교에 상담 교사와 학교전담 경찰관까지 상주를 하고 있고 교사들도 학교 폭력에 촉각을 곤두세우고 있다. 그동안 학부모 위원이 포함된 학교폭력대책자치위원회(학폭위)가 사건이 발생하면 즉시 대처를 해왔는데 2020년 3월부터는 보다 전문적으로 절차를 보완하고자 교육지원청으로 이관되어 학교폭력대책심의위원회라는 명칭으로 바뀌고 전문위원으로 구성되어 운영되고 있다. 학교에서는 학교폭력 예방교육을 실시하고 있으며 학교폭력을 전문으로 돕는 법조인들까지 있다. 이러한 절차와 대처 시스템은 반드시 필요하지만 교육은 그런 시스템이 필요없을만큼 아이들의 세계가 안전하고 평화로울 수 있도록 가르칠 책임이 있다. 학교는 아이들을 안아주는 환경이 되어야 하고 아이들의 순수한 인성을 보호하는 데 초점을 두어야 할 것이다. 아무리 똑똑하고 첨단 지식을 장착하면 뭐하겠는가? 인간으로서의 존엄이 무엇인지를 모른다면 양심과 인격이 비틀어진 괴물들이 가득한 세상이 될 것이다. 환경의 중요성을 간과하지 말아야 한다.

요즘은 교사들도 우울증이 많다고 한다. 가장 안전하고 새로운 지식을 배우는 흥미로운 곳이어야 할 학교는 실상 온갖 종류의 폭력과 범죄에 취약한 곳이며 가장 나쁜 것을 배울 수 있는 곳이기도 하다. 교사가 다루고 감당하기에는 학교폭력을 포함하여 아이들의 교육이 너무나 힘든 문제가 되었다는 것을 알 수 있다. 앞으로는 교사가 되려면 전공과목 공부가 아니라 무술과 상담심리와 법률과 IT기술을 배워야 할지도 모른다. 학생과 교사가 우울증에 이렇게 취약하다면 우리의 학교는 분명 변화가 필요하다. 무엇보다 시급한 것은 교사들이 돌봄을 받을 수 있는 지지기반의 확충이다. 교사가 건강해야 아이들에게 건강한 영향력을 줄 수 있다. 가정에서 건강한 부모가 중요하듯이 말이다. 부모와 교사와 교육시스템이 건강한 협업으로 아이들에 대한 책임을 분담해야 한다. 학교 폭력 등의 어려운 문제에 적절히 대처할 수 있는 사회적 시스템을 갖춰야 함은 물론, 아이들을 돌보느라 자기자신을 돌볼 틈이 없는 교사들에게 상담과 코칭을 제공하고 수퍼비전을 받을 수 있는 건강한 지지기반을 마련해야 할 것이다. 그래야 좀 더 건강한 학교에서 아이들이 안전하게 교육을 받고 더 건강하게 자랄 수 있다.

6장 자학하는 우울

〈누나〉

| 개요 : 드라마 | 한국 | 103분 | 2012

| 감독 : 이원식

| 출연 : 성유리(윤희), 이주승(진호), 엄옥란(주방장 아주머니), 최범호(윤희 아버지)

| 등급 : 15세 관람가

　윤희(성유리 분)는 어릴 적에 남동생을 잃었다. 장마철 불어난 강물에 다리에서 발을 헛디뎌 물에 빠진 윤희를 구하고 남동생은 물에 빠져 목숨을 잃고 말았다. 윤희는 이 기억이 너무나 아프게 남아 있어 그날처럼 비가 오면 매우 우울해하고 두려워한다. 아들을 잃은 슬픔을 견디기 힘든 윤희의 아버지는 자주 술을 마시고 윤희에게 욕을 하며 마구 때린다. 윤희는 자신 때문에 동생이 죽었다는 죄책감에 그저 묵묵히 맞는다.

　윤희는 어린 시절 동생과 함께 찍은 사진을 소중히 지갑 속에 넣고 다닌다. 어느 날 동네 골목길에서 칼을 들고 위협하는 진호(이주승 분)를 만나 지갑을 빼앗긴다. 윤희는 비가 오는 날이면 사고의 트라우마로 외출을 하지 못해서 무단 결근이 반복되어 늘 해고를 당한다. 그럴듯한 변명도 없이 그저 "비가 와서요"라는 그녀의 이유를 이해해주는 사람도 없다. 늘 고개를 숙인 채 세상 모두에게 미안해하는 우울한 얼굴이다. 그러다 고등학교 급식실에서 새로 일을 하게 된 윤희는 그 학교 학생인 진호를 마주친다. 진호에게 돌을 넣은 밥을 주는 소심한 복수를 하던 윤희는 진호를 대면해 지갑을 돌려달라고 하지만 이미 지갑은 길에 던져버린 후였다.

진호는 병원에 입원해 있는 어머니 수술비가 필요했다. 다른 가정을 꾸린 아버지를 미워하고, 홀로 자신을 키운 어머니는 병으로 죽어가고 있는데 병원비를 감당 못해 사채까지 쓰게 되고 빚을 갚지 못해 협박을 받고 있다. 다른 학생들의 돈을 뺏고 어떻게든 어머니를 살려보려 애를 쓰지만 더 이상 방법은 없다.

진호와 윤희는 우연하게 주변을 스쳐가며 서로의 사정을 알게 된다. 퇴근하다 갑자기 비를 만난 윤희는 정류장에서 쓰러지고 진호가 발견해 공중전화 부스로 옮겨놓고 옆에서 지킨다. 아버지는 술에 취하면 윤희를 쓸모없는 년이라고 욕하며 마구 때린다. 자신이 죽었어야 한다고 자책하며 그 폭력을 그대로 감내하는 것으로 윤희는 자학하고 있었다. 진호는 돈을 돌려주러 갔다가 우연히 윤희가 맞는 장면을 목격한다. 윤희도 진호가 폭력배들의 협박을 받으며 쫓기는 모습을 보게 된다. 진호의 어려운 사정을 알게 된 윤희는 배고파하는 진호에게 짜장면을 사주며 마음을 쓴다. 둘 다 서로의 상처를 보게 되면서 누나와 동생으로 조금씩 가까워진다.

급식실에서 같이 일하는 주방장 아주머니는 반찬도 챙겨주고 무단
결근으로 잘릴 뻔한 윤희를 도와주려 애쓰지만 윤희는 통 마음을 열지
않는다. 얻어맞은 흔적을 가리느라 늘 안대, 반창고, 붕대가 몸에서 떠
나지 않지만 심지어 손을 데어도 상처를 보여주기를 거부한다. 그러다
주방장 아주머니도 자기 잘못으로 아이를 잃은 뒤 신앙에 의지해 살고
있는 분인 것을 알게 되고 그녀가 기도하는 모습을 유심히 지켜본다.

진호의 어머니가 돌아가시자 엄마를 죽인 병원 사람들을 죽이겠다고
벼르는 진호를 어떻게든 막으려 윤희는 연락이 되지 않는 진호를 찾으
려고 처음으로 강해진 모습을 보인다. 진호 친구에게 진호 전화번호를
알아내려고 따귀를 때리고, 몽둥이로 자기를 때리는 아버지를 밀쳐 내
며, 병원에 있다는 진호에게 가기 위해 비가 오는데도 두려움을 무릅쓰
고 나간다. 빗 속에서 자기를 살리려다 물에 빠진 동생의 기억이 반복
하여 재생되며 쓰러질 듯 어렵게 빗길을 걸어 택시를 겨우 잡아타고 병
원으로 간다. 칼을 들고 간 진호를 찾아낸 윤희가 괜찮냐고 묻자 진호
는 울음을 터뜨리며 의사를 죽일 수 없었다고, 엄마를 죽인 건 자기라
고 한다. 자신처럼 죄책감을 느끼는 진호에게 "네 잘못이 아니야"라고
말해주던 윤희는 그 둘을 발견한 빚쟁이 폭력배들을 막아서며 자신이
누나라고 부르짖는다. 윤희를 때리는 폭력배에게 덤벼들던 진호는 자
신의 칼에 찔리게 되고 절박하게 도움을 요청한 뒤 병원 밖에 나와 간절
히 기도를 하던 윤희는 기도를 마친 후 비가 그친 하늘에 걸린 무지개

를 본다.

시간이 흘러 윤희는 달라진 모습으로 예쁘게 꾸미고 외출에 나선다. 외출준비를 하는 그녀 뒤편 탁자엔 성경책이 펼쳐져 있다. 그녀는 병원에서 치료 중인 아버지를 방문한다. 병원 뜰에서 아버지는 윤희에게 앞으로 찾아오지 말라고 하지만 윤희는 다음에 다시 오겠다고 한다. 학교 급식실에서 한결 밝아진 표정의 윤희가 일을 하고 있다. 일을 마친 후 퇴근길 버스 정류장, 소나기를 피해 들어간 공중전화 부스에서 누군가 "누나!"하고 부른다. 해군 제복을 입은 진호가 "잘 있었어?"하고 묻자 눈물을 글썽이는 윤희의 얼굴을 비추며 영화는 막을 내린다.

죽은 동생을 대신하는 새로운 동생이 생겨 살아갈 힘을 얻은 것일까? 신앙으로 치유된 것일까? 누군가를 지켜야 한다는 소명감이 그녀를 바꾼 것일까? 죽은 동생이 부활절 계란을 건네주던 기억 때문에 윤희는 계란을 먹지 못한다. 짜장면에서 윤희가 골라낸 계란을 진호가 먹었다. 길거리 전도집회에서 윤희는 기도제목을 적어내는 종이를 받아 뭔가 쓴다. 그 종이를 간직하고 있다가 진호가 칼에 찔린 뒤 기도할 때 꺼내 든다. 거기엔 '동생을 살려주세요'라고 적혀 있었다. 진호를 위해 두 손을 모으고 기도한 뒤 눈을 뜨자 하늘에 무지개가 떠 있다. 진호는 그녀의 기도 응답인 것이다. 윤희는 다시 누나가 되었고 더 이상 우울한 모습을 보이지 않는다.

주인공의 우울증에 영향을 미친 요인

하나, 윤희의 경우 원인은 동생의 죽음, 죄책감과 자존감의 상실, 아버지의 가정 폭력, 비오는 날이면 상황을 통제하지 못하는 트라우마적 반응이다. 아버지는 동생을 죽였다며 윤희에게 매일 쓸모없는 년이라 욕하면서 폭력을 행사한다. 윤희는 자신 때문에 동생이 죽었다는 죄책감에 폭력과 비난에도 저항하지 않고 스스로도 쓸모없는 애라고 말하며 자학한다.

둘, 진호의 경우는 아버지의 가정 폭력과 외도에 대한 아픔 즉, 정서적 안전 기지의 상실을 들 수 있다. 맞고 살던 엄마에 대한 연민과 상처로 폭력 앞에 무기력한 사람을 볼 때 분노한다. 아버지에 대한 분노, 어머니의 병으로 미래에 다가올 상실에 대한 두려움, 도움이 되지 못하는 무력감과 자책감으로 유능감을 상실한 것 등이 원인이다. 절망감과 슬픔을 분노로 표출하고 폭력적인 생활을 지속하며, 어머니도 자기가 죽인 거라고 자책하는 등 자기 비난적 생각을 그대로 받아들인다. 그리고 자기도 아버지 같은 인간이라고 생각하는 등 자존감의 상실로 자신을 미워한다.

DSM-5에 비춰 본 주인공의 우울 증상

이 영화에서 우울증상을 보이는 사람은 윤희와 진호 두 사람이다. 청소년과 성인으로 나누어 증상을 살펴보자.

1. 아동 청소년 우울증- 죄책감으로 인한 폭력성

진호는 후기 청소년 우울증이다. 후기 청소년은 16세 이상의 청소년을 말하고 이 나이대의 아이들은 미성년자로 사회적 역할에 대한 기대를 받는 동시에 제한도 큰 청소년들이다. 이러한 조건과 상실의 문제는 우울증을 발현시키는 요인이 된다.

고등학생인 진호에게 나타나는 청소년 우울증의 증상 중에 가장 두드러지는 것은 무력감과 죄책감으로 인한 폭력성이다. 아픈 어머니의 병원비를 댈 수 없는 무력감과 죄책감을 폭력으로 분출한다. 아무 잘못이 없는 동급생을 심하게 때리고 그 어머니와 선생님이 옆에 있는데도 분노를 제어하지 못하고 폭력적인 모습을 보인다.

더구나 어머니가 수술받다 돌아가시자 어머니를 죽인 의사를 죽여버리고 자신도 죽어버리겠다고 공공연하게 말하고 칼을 들고 병원을 찾아간다. 자살이나 죽음에 대한 극단적 생각 역시 청소년 우울 증상의 하나이다.

그밖에 주변 사람들과 사회를 향해 분노와 적대감을 자주 표출하면서 때로 상황에 대한 절망에 빠져 슬퍼하며 울기도 하는데 어머니(가족)와 거리를 두는 증상을 보이기도 한다.

2. 성인 우울증 - 학습된 무기력

일상에서 흥미를 상실하고 삶과 삶의 결과에서 상실이 통제되지 않을 때 생기는 수동적이고 자포자기적 반응인 '학습된 무기력'이 윤회가 보여주는 우울 증상이다. 아버지의 지속적인 폭력에 아무런 대응도 하지 않고 묵묵히 맞으며 도망치지 않는다. 비가 오면 밖으로 한발짝도 나갈 수 없다. 무기력이 학습된 사람들은 가치감, 자존감, 통제감이 감소되고 무력감과 절망감에 빠지게 된다.

또한 윤희는 일하는 중에 닭고기를 다 태운다거나, 부주의하게 손을 데기도 하고, 쓰레기를 버리다 바닥에 쏟기도 하는 등 집중력 저하 증상을 보인다.

3. 공통 요인 - 부정적인 인지적 틀

두 사람 모두 부정적인 인지적 틀을 가지고 있다. 이는 자기 자신과 세상과 미래를 생각할 때 우울한 사람은 일관되게 부정적으로 해석하는 것을 의미한다. 윤희와 진호는 둘 다 자기 자신에 대한 인지 오류를 보인다. 윤희는 자신이 죽었어야 하고, 쓸모없는 애라고 아버지가 늘 하는 말을 스스로 수긍하며, 진호는 스스로를 개새끼라고 표현한다.

영화 속 치료방법과 과정

동생이 자기 때문에 죽었다는 죄책감으로 트라우마에서 헤어나오지 못하는 윤희는 자학하는 우울의 모습을 보이고, 진호는 분노와 자책감이 외부로 향해 폭력적인 우울의 모습을 보인다. 이러한 우울증 환자의 생각을 알면 주변관계의 중요성과 극복하기 위해 노력하는 사람들의 마음을 이해하는 데 도움이 될 수 있다. 윤희나 진호가 치료를 받는 장면은 나오지 않았지만, 두 사람은 도움을 구하고 위태롭던 순간들과 절망적인 우울에서 벗어난 결말을 보여준다. 이들을 변화시킨 것은 무엇이었는지 영화적 묘사를 통해 그 과정을 보도록 하자.

1. 이해를 통한 인지의 변화

이해하고 이해받는다는 것은 무엇일까? 우울 증상을 가진 사람들의 모습은 이해 받지 못하는 경우가 많다. 그럴 경우 속마음을 더욱 감추려고 새로운 방어기제를 만들어 낸다. 이러한 문제들은 충분히 이해받을 필요가 있는데 우울증이 어떤 것인지 잘 모르는 가까운 사람들부터 사회적 관계에 있는 사람들에게까지 우울증이 있는 사람들은 받아들여지기가 어렵다. 영화 속에서 윤희의 모습은 트라우마와 폭력으로 인한 상처와 우울을 감추느라 정상적인 사회생활이 어려운 상황을 이해해주는 사람이 없어 사회적 관계를 단절하는 방어기제를 사용한다. 이해하고 이해받는다는 것은 보는 사람의 관점에서 판단하고 훈계하고 동정하거나 강요하지 않고 아픈 사람의 그 상태를 있는 그대로 받아들이고 수긍해주는 것이다.

주방장 아주머니는 윤희를 비난하지 않고 있는 모습 그대로 받아들여주는 유일한 사람으로 나오는데 무단결근으로 해고당하는 윤희를 감싸며 다시 일을 시켜준다. 이 때부터 윤희는 이해 받기 시작한 것으로 볼 수 있다. 그녀 앞에서 윤희는 처음으로 자기는 쓸모 없는 애이고 자신이 죽었어야 한다는 자학하는 생각을 입 밖에 꺼내고 비난하지 않는 말을 듣게 된다. 자학은 끊임없이 스스로 자기를 비난하며 괴롭히는 것이다. 윤희가 "네 잘못이 아니야"라는 말을 듣고 또 진호에게 그 말을 해주는 경험으로 윤희의 인지는 이해라는 필터를 통과한 것처럼 점점 달라진다. 이해받기 시작한 윤희는 올바르지 못한 가정 폭력에 저항하고, 자기 분노를 표출하기도 하며 점점 주체적인 삶을 살아갈 수 있게 되고, 또한 진호를 이해하는 사람으로 성장한다.

우울증을 앓는 사람은 분노를 내면으로 향하게 해 자기 파괴적인 생각에 이르는 경우가 많아 자기 자신에 대한 인지적 측면에 많은 오류를 가지고 있다. 그러나 이해를 받게 되면 외면하고 회피하던 문제와 방어 기제를 직면하게 된다. 자신의 내면을 돌아보지 못했던 사람들이 이해해주는 사람 앞에서는 감추었던 감정을 표현하고 상실한 대상으로부터 자신을 분리하게 되면서 왜곡된 인지의 오류를 건강한 방향으로 회복시킨다.

상담이나 코칭 세션에서 자신의 인지를 직면하고 객관적으로 다루며 내면을 돌아보게 되면 충분한 공감과 이해의 과정을 통해 자신의 인지에 오류를 촉발하는 부정적 사고, 주관적 합리화, 완고한 행동의 원인을 분석함으로써 인지의 오류를 바로잡고 올바르게 다시 형성하는 데 도움이 될 수 있다.

2. 분노

영화에서 진호는 분노를 방출하기 위해 공격적이고 방어적인 행동을 한다. 분노는 부정적인 감정이지만 동시에 긍정적인 감정이다. 적절한 지 여부와 그 결과에 따라 다르다. 진호의 경우는 그릇된 방향으로 진행되는 불건전한 분노로 자존감을 낮추고 신뢰를 무너뜨리고 통찰력을 잃게 만든다. 청소년이 우울한 증상을 숨기기 위해 방어행동을 하는 것을 숨겨진 우울증이라고 한다. 고통과 슬픔을 피하기 위해, 혹은 우울과 관련된 분노를 방출하기 위해 약물, 술, 비행, 문란한 성적 행위 등 쾌락을 추구하거나, 공격적이고 방어적인 행동을 보이는 것으로 나타난다.

올바른 분노 표출에 대해 이야기한 학자들이 있다. 전요섭(2007)은 순수하게 자기 생각을 드러내 자기를 노출하는 것이 올바른 분노 표출이라고 하였다. 또한 Kirby & Goodpaster(2006)는 분노의 원인을 파악해 그에 대한 자기 생각을 인지적으로 재구성하는 것이라 하였다. 분노는 인간 관계 안에서 자아정체성을 이해하게 하고, 자기를 제대로 알게 하는데 기여하는 도구이고, 분노 경험이 정상화되면 생산적이고 건설적인 능력이 된다. 진호의 분노는 어머니가 돌아가신 후 자책과 울분으로 자기를 동정하고 의사를 증오하며 행동으로 옮기는 단계까지 나아간다. 칼을 들고 의사를 찾아갔지만 실제로 죽일 수 없었던 진호는 윤희가 말리기 위해 병원으로 찾아와 그 옆에 있어주자 속마음을 드러낸다. 내면에 감추었던 자책하는 생각을 꺼내 놓음으로써 진호의 분노는 가라앉는데 이는 자기 노출 기법을 통해 분노가 해소된 것으로 볼 수 있다.

3. 상실감의 해소

상실은 '한 개인이 자신에게 친숙하거나 중요한 의의를 지닌 어떤 것을 잃는' 것을 의미한다. 삶의 과정에서 사람은 자연스럽게 상실을 경험하게 되는데, 그런 경험은 그 사람의 생활에 영향을 준다. 각 사람은 상실을 대하는 태도에 따라 그 경험의 양상이 다를 수 있다. 미처 준비되지 못한 상실은 충격과 극심한 심리적 고통을 동반하며, 오랜 시간 상실감에서 헤어 나오지 못하기도 한다. 윤희는 어린 동생을, 주방장 아주머니는 자식을 잃었는데 두 사람의 대처는 사뭇 다르게 묘사된다. 윤희는 충격과 고통에서 벗어나지 못하고 자학하며 우울하게 지내는 반면 주방장 아주머니는 신앙생활에 의지해 정상적인 사회생활을 하고 윤희에게 마음을 써 주기까지 한다.

영국의 정신과 의사 존 볼비John Bowlby는 인간은 서로 강한 애정적 결속을 만들고자 하는 경향이 있다는 '애착이론'을 주창하였는데, 이는 특정 사람에게 강한 애착을 느끼는 경향과 애착 대상과의 분리나 상실로 인한 다양한 정서적 고통과 성격 장애를 설명한다. 상실의 위협이나 실제 상실이 일어나면 사람은 애착의 강도를 유지하려고 하기 때문에 공포와 불안, 슬픔과 분노를 느끼게 된다는 것이다.

멜라니 클라인Melanie Klein은 인간의 심리를 의미 있는 대상과의 관계가 내면화된 세계로 보았다. 어떤 사람은 상실의 대상인 사람을 '나쁜 대상'으로서 내면화하기 때문에 상실한 대상으로부터 거절당한 느낌을 갖게 되어 그에 따라 분노가 생긴다고 하였다. 이에 따르면 진호의 분노는 어머니 이전에 아버지의 상실에 기인한 것으로 볼 수 있다. 또한 사람은 상실한 대상과 자신을 연합할 수 있는 특정 행동을 보존함으로써 고통스러운 상실에 적응하고자 한다. 동생과 찍은 사진을 오래 동안 지갑 속에 간직하고 있는 윤희의 행동도 그러한 적응과정이라 볼 수 있으며 상실감이 해소된 윤희는 사진을 강물에 띄어 보낸다.

프로이트Freud의 관점에 의하면 상실로 인한 슬픔과 애도는 심적 에너지와 관련이 있다. 인간은 상당한 심적 에너지를 자신에게 중요한 사람과 그 관계에 투입하는데, 그 대상을 상실하게 되면 투입된 에너지도 상실하게 되어 사람들에 대한 흥미를 잃고 새로운 관계 형성을 어려워하게 된다. 또한 사랑하는 대상이 더 이상 존재하지 않는다는 사실을 받아들이고 심적 에너지를 철회하려고 하지만 그동안 쏟던 애정을 쉽게 포기하지 못해 적응이 쉽지 않은 것이다. 애정은 심적 에너지를 투입하던 과정이다. 이를 철회하는 애도 과정을 통해 상실을 인정하고 새로운 대상과의 관계를 형성할 수 있는 것이다. 윤희는 동생을 잃고 상실의 현실에 금방 적응할 수 없었다. 동생을 지켜주고 싶었던 윤희는

진호라는 새로운 대상을 만나 지켜주면서 누나의 정체성을 다시 찾고
심적 에너지를 동생(진호)에게 투입하게 된다.

생각해 볼 주제 대사

1. 병원에서 수술비 수납을 애기하는 직원과 진호

직원: "송인옥씨 보호자 맞죠? 아들 아니예요?"

진호: "아들은 맞는데 보호자는 아니예요. …보호할 능력도 안되는
데 무슨 보호자야.."

2. 자신에게 잘해주는 사람에게 의문을 느끼는 윤희

윤희: (주방장에게) "저한테 왜 이러세요"

3. 아버지를 만나고 온 뒤 병원에서 엄마랑 대화하는 진호

진호: "그 여자는 그 사람이랑 잘 사는데 엄마는 왜 맞고 살았
어?"

4. 윤희를 쓸모없는 사람으로 여기는 아버지

"네가 윤호를 죽였어. 너 같은 거는 아무 쓸모없는 년이야."

5. 삶의 무의미함과 자신이 무가치하다고 느끼는 윤희

"난 쓸모없는 애예요. 내가 죽었어야 했어요."

6. 자신의 아픔을 표현하지 못하는 윤희를 안타까워하는 주방장

"아프면 아프다고 소리질러", "네가 왜 쓸모없는 애야? 너 없으면
오늘 애들 탕수육도 못 먹어. 그리고 이거 네 잘못 아니야"

7. 위기에 처한 진호를 달래는 윤희

"네 잘못이 아니야"

8. 배에 칼이 꽂힌 진호를 보며 아무것도 할 수 없는 상황에 처한 윤희

"도와주세요. 아무도 없어요? 누가 우리 좀 도와주세요!"

9. 윤희의 기도

"동생을 살려주세요"

♥ 마음 돌보기

1. 나의 감정, 나의 생각

Q1. 가족을 잃고 느끼는 슬픈 감정을 숫자로 표현하면 얼마 정도일까요?

Q2. 그러한 감정이 드는 이유는 무엇인가요?

Q3. 우울할 때 느끼는 감정을 표현하는 단어는 어떤 것들이 있을까요?

Q4. 그러한 감정을 느꼈을 때 어떻게 대처하나요?

감정 단어 목록

자신있는	든든한	괴로운	감사한	피곤한
기쁜	여유로운	좌절한	용기있는	막막한
감동적인	홀가분한	외로운	놀라운	부러운
사랑스러운	열정적인	그리운	서운한	미안한
재미있는	부끄러운	긴장한	신나는	짜증나는
기대되는	안타까운	우울한	슬픈	편안한
지루한	불안한	뿌듯한	귀찮은	무서운
만족스러운	공허한	혼란스러운	자랑스러운	실망스러운
답답한	행복한	후회스러운	억울한	관심있는
미운	당황한	설레는	화난	두려운

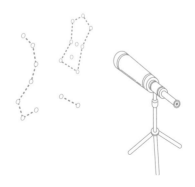

2. 모델링

좋은 모델	나쁜 모델
윤희가 실수로 급식 음식을 다 태우고 야단맞으며 자학할 때 주방장 아주머니의 위로.	**가정폭력을 행사하는 윤희 아버지**
주방장: "아프면 아프다고 소리질러!"	윤희가 살고 동생이 죽었다고 생각해 늘 비가 오는 날 술을 마시면 윤희에게 욕을 하며 폭력을 행했다.
윤희: "난 쓸모없는 애예요. 내가 죽었어야 됐어요."	아버지: "쓸모없는 년. 죽어, 가버려, 죽어버려"
주방장: "..너한텐 무슨 일이 있었는지 모르겠지만 내가 기도할게. 그리고 네가 왜 쓸모없는 애야? 너 없으면 오늘 애들 탕수육도 못 먹어. 그리고 이거 네 잘못 아니야."	**힘든 진호에게 무관심한 학교 교사**
윤희가 무단 결근으로 잘릴 뻔할 때도 일을 시키며 고비를 넘기게 해주고, 반찬도 챙겨주며 윤희의 아픈 몸과 마음에 관심을 주는 유일한 사람이다.	아동 청소년을 보호하고 감독해야 할 책임이 있는 교사가 진호를 겉모습으로 판단하고 무관심한 태도로 일관하거나 폭력으로 제압한다. 진호가 퇴학당한 뒤 경찰로부터 진호 엄마가 돌아가셨다는 전화가 온다.
위기에 처한 진호를 구해주는 윤희	교사1: "진호 어머니가 돌아가셨다네요"
진호가 위기 상황에 처했을 때 평소의 무기력한 모습을 극복히고 진호를 지키려고 용기를 낸다.	교사2: "이제 우리학교 학생도 아니잖아요"
윤희: "누나니까, 내가 애 누나니까!"	교사3: "쓸데없는 새끼. 또 어디서 사고 쳤나 보네"

심한 우울을 극복한 뒤 아버지를 용서한 윤희	진호 아버지
여러 힘든 일을 겪은 후 진호를 동생으로 여겨 지켜주려 애쓰고 기도하며 신앙으로 우울을 극복하고 아버지를 용서하여 병원에 계실 때 챙겨 드린다. 아버지: "앞으로 찾아오지 마라" 윤희: "다음에 다시 올게요"	진호가 찾아와 엄마가 죽게 생겼다며 도움을 구하는데도 찾아오지 말라고 하면서 새 가정의 아이를 감싸고 진호의 아픔을 돌아보지 않는다. 진호 아버지: "그 사람하고 나 아무 관계도 아니다. 해줄만큼 해 줬어. 이제 나 다시 찾아오지 마라 그리고 애 앞에 나타나지도 말고" 진호: "당신이 개새끼니까 나도 개새끼잖아!"

Q1. 좋은 모델을 볼 때 당신에게 떠오르는 사람이나 상황이 있나요?

Q2. 나쁜 모델을 보여주는 인물들이 다르게 행동한다면 어떤 행동을 보여주면 좋을까요?

Q3. 그럴 경우 상황은 어떻게 달라졌을까요?

Q4. 당신이 힘들 때 옆에 있어 준 사람이 있었나요? 누구이며 어떻게 행동했나요?

3. 영화 속 상징과 은유

비는 윤희를 불안하게 만들고 사
고의 기억을 떠올려 죽은 동생을 생
각나게 하는 트라우마를 상징한다.

새끼 손톱에 들인 봉숭아물과 짜
장면 속 계란은 동생에 대한 추억을
상징하는 것으로 진호의 새끼 손톱

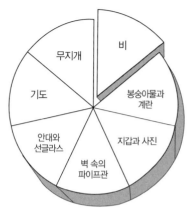

과 계란을 먹는 진호에게서 동생의 느낌을 갖게 되는 것으로 보인다.

동생과의 사진이 든 지갑은 존재가 아닌 기억을 붙잡고 있는 윤희를
보여준다. 윤희는 동생이라는 존재감을 진호를 통해 느낀 뒤 회복되기
시작하고 나중에 사진을 강물에 흘려보낸다.

벽 속에 박혀 있는 파이프관은 다른 사람에게 들리지 않게 소리를 질
러 억압된 윤희의 감정을 표출하는 수단이다.

안대와 선글라스는 지속적인 가정폭력을 감추려고 하는 수단이자
폭력을 당한 흔적이다. 또 다른 사람들과 눈을 마주치지 않고 시선을
감추어 마음을 들키지 않으려는 의도를 비춰주기도 한다.

기도는 윤희의 절망이 극에 달해 더 이상 방법이 없을 때 힘든 마음을
내려 놓는 수단이다. 누나의 정체성을 회복한 윤희가 더는 혼자 감내
하지 않고 진호와 자신에게 도움이 필요하다는 것을 인정하며 도움을
요청하는 행위로, 늘 무기력했던 윤희가 용기를 내어 한걸음 내딛었다

는 의미를 가진다.

　무지개는 신앙의 상징이자 희망을 암시하는 장치이다. 트라우마의 상징인 비가 그쳤다는 의미를 나타내며 윤희의 회복과 밝은 미래를 예고한다.

Q1. 영화를 보고 난 뒤 어떤 기분이 들었나요?

Q2. 가장 눈에 띄었던 상징이나 은유는 무엇인가요?

Q3. 윤희가 비를 두려워하듯이 당신이 두렵게 느끼는 상황이 있나요?

종교와 우울증

프로이트는 생애 마지막까지 기독교를 주제로 한 책을 출판할 정도로 평생을 종교에 관심을 두었다고 한다. 그는 인류에 큰 영향을 미친 대표적 사상가들 중 한 사람이자 상담심리를 공부하는 모든 사람들이 필수적으로 배워야 하는 이론을 정립한 사람이다. 인간의 정신과 꿈을 분석하고 인류가 인간의 심리에 관심을 갖게 만든 선구자이기에 그의 이론을 좋아하지 않는 사람이 많아도 그의 분석 방법이나 연구는 높이 평가되기도, 논란이 되기도 한다.

프로이트는 종교가 인간의 신경증적 의존성을 강화한다고 했다. 신이라는 표상에 대한 그의 해석을 불편해하는 사람들도 많은데, 여전히 많은 사람들이 삶의 중요한 문제와 자신의 내면의 문제를 풀기 위해 종교에 의지하고 있으며 그에 따라 종교 지도자들의 영향력 또한 크다. 종교는 정신의 영역이어서 사람의 마음과 인간 관계와 정신적 문제에 깊이 관여하고 종교적 상담과 치유도 이루어지고 있다.

마음이 고통스러울 때 우리는 보다 안전하다고 느껴지는 곳을 찾게 된다. 누구나 편안하지 않은 사람이나 장소는 피하고 싶을 것이다. 아마 누군가에게는 신앙과 상처의 틈새를 파고들어온 종교가 안전한 곳으로 느껴졌을 것이다.

어려운 일이 생겼을 때 비로소 종교에 관심을 갖고 신앙을 갖게 되는 경우도 있지만 이미 신앙이 있었던 사람들은 무의식 중에 어떤 불행이나 힘든 문제를 신의 형벌이라고 생각하는 경우도 있다. 지나치게 신앙적으로 해석하거나 죄책감을 유발함으로써 더 힘들게 만드는 생각에 사로잡힐 수도 있는데 우울 증상이 있을 때 신앙으로 해결하려고만 하기 보다는 건강하지 않은 생각을 다각도로 바라보고 균형 있게 다룰 수 있는 치료방법을 모색해야 한다. 사람들은 서로서로 도움을 주고받으며 산다. 완벽한 사람은 없지만 그래도 포기하지 않으면 사람에게 희망이 있다. 우울한 마음에 빠져 있을 때는 누구에게서도 이해받지 못한다고 느껴지지만 가슴을 짓누르는 압박감이나 고통스러운 감정 등을 우리는 사람에게 이야기해야 하고 사람의 지지와 공감을 받으며 내면의 문제를 다루어야 한다. 점점 사람들을 접촉하기 어려운 언택트 시대에 각자 고립되는 환경이 되어가다 보니 소통하기도 어렵고 혼자 지내는 데 익숙해지면서 외로움과 우울감은 덤으로 따라온다. 그러나 우울증은 유전적, 생화학적, 신체적, 인생주기적 요인 등 다양한 요인이 있기 때문에 영적인 체험으로만 치료된다는 주장이나 오해는 지양해야 한다. 사람의 심리와 내적인 영역에 대한 현대과학의 성과를 배타적으로 생각하고 그렇게 가르치는 것 또한 주의해야 한다. 한번 신앙적으로 해석하여 왜곡된 사고에 빠지면 생각을 바꾸기가 어려울 뿐만 아니라 왜곡된 신앙관을 가진 종교적 상담자로 인해 더 큰 손상을 입을 수도 있기 때문이다.

신앙이 있는 사람들은 다른 사람들을 돕는 것에 큰 가치를 둔다. 서로 기도해주거나 함께 많은 시간 대화를 하며 마음을 나눈다. 신앙의 가치를 실천하려고 하기 때문에 좋은 의도로 도우려고 하지만 전문가가 아니기에 오히려 치료를 지연시킬 수도 있으므로 주의해야 한다. 종교적 해석이 상처를 주는 경우를 살펴보자.

하나, 모든 것이 신의 뜻이라는 상투적인 말은 불난 집에 부채질하는 격이다. 당사자가 느끼는 감정적 상태를 이해하고 최대한 고려하여 말해야 한다. 신앙이 있는 사람도 그대로 수긍하기 어려울 만큼 분노하고 있는 상황에 놓여있을지도 모르기 때문이다. 오히려 그런 사람은 그런 말로 인해 신앙적 혼란에 빠질 수 있다. 신의 뜻이라는 깨달음은 오직 당사자의 것일 때 변화를 일으키는 법이다.

둘, 때에 맞지 않게 얼른 잊고 힘내라고 격려하는 것은 전혀 도움이 되지 않는다. 마음을 써주는 것처럼 말하면서 더 부담을 주는 말들이 얼마나 많은가. 성경을 자의적으로 해석하여 때를 분별하지 못하고 쉽게 던지는 말은 상처를 더 덧나게 할 뿐이다. 공감 없는 권면은 사랑이 아니다.

종교가 가진 힘은 부인할 수 없이 크다. 신앙으로 변화되어 놀라운 영향력을 끼치는 사람이 되기도 한다. 그러나 반대로 종교로 인해 건강하지 못한 사고에 갇히는 사람도 있다. 종교 자체가 가지고 있는 빛과 그림자일수도 있지만 사실 신앙의 핵심은 '존재'에 있다. 믿음을 가진 '나'는 어떤 사람인가, 종교 지도자는 건강한 사람인가에 초점을 두고 건강한 사람, 관계, 단체가 되도록 노력하지 않으면 권력을 얻었던 종교가 타락했던 역사가 되풀이될 것이다. 학교든 종교 단체든 인간이 모인 모든 곳에는 폭력이 존재한다. 특히 한국 사회는 너무 위계적이고 종교 지도자들은 권위적이다. 사람들을 세뇌시킨 이단과 사이비 등 신흥종교가 한국에 유난히 많고, 그 교주들의 모습이 신격화되어 있다는 사실도 잘 검토해야할 필요가 있다.

신이라는 존재를 만났다면 '인간'이 어떤 존재인지도 알아야 한다. 신앙이 자기 정체성에 중요한 사람일수록 그렇게 해야 한다. 그 모든 것의 중심에 사람이 있어야 하고 인간에 대한 근본적인 이해를 바탕으로 건강한 사람이 되는 것에 초점을 두어야 한다. 그래야 신앙의 본질이 왜곡되지 않고 건강한 개인과 가정과 사회가 되는 데 기여할 것이다.

4부
정신질환의 진단과 치료에 대한 논란

7장 DSM-5를 둘러싼 논란
8장 우울증 치료에 관한 오해와 진실

7장 DSM-5를 둘러싼 논란

  DSM은 Diagnostic and Statistical Manual of Mental Disorders의
약자로 미국정신의학회가 1952년 군인들을 대상으로 참전할 수 있는
상태인지 판별하기 위해 발행한 정신질환 진단과 통계 편람이다. 정신
질환이나 심리적 문제에 관심이 있는 일반 사람들도 이미 DSM이 무엇
인지 정도는 많이 이해하고 있지만 정보 습득의 균형을 위해 영화치료
전문가 비르기트 볼츠Birgit Wolz의 연구를 바탕으로 DSM을 소개하
고자 한다. 미국 정신의학회는 더욱 확장된 논의를 제공하는 5번째 개
정판 DSM-5를 2012년 승인, 2013년 5월에 공식 출간하였다. DSM-5
는 최신의 진단 기준들을 포함하고 있으며 본문은 소통하기 쉬운 일반
용어로 기술되어 있다.

  DSM은 지금까지 정신질환을 진단하는 기준으로 쓰이고 있지만 초
판부터 5번째 개정판이 나오는 동안 계속해서 많은 논란이 되었다.
DSM-I 과 DSM-II 는 정신 역동적 접근에 크게 영향을 받아서 정상과
비정상 상태의 뚜렷한 차이를 제공하지 못했고 정신장애는 환경적 사
건들에 대한 반응으로 여겨져 결과적으로 모든 사람은 다소 비정상이
었던 것이다. 논쟁의 여지가 된 가장 유명한 진단 사례 중에는 동성애
를 정신장애로 분류한 것이 있다. 이 진단은 여러 동성애자 권익 보호
단체들이 APA회의에서 3년간의 시위 이후 1973년에 APA의 표결로 삭

제되었다. 또한 DSM-Ⅲ는 생물심리학적 모델로 기본 접근법을 옮기면서 주요 패러다임의 전환을 보여주었다. 이 방법론적 혁신은 정상과 비정상 사이의 분명한 차이를 설명했다(First, Tasman 2004). DSM-Ⅲ-R (R: 개정판－미국정신의학회, 1987)은 1987년에 개정되어 297개의 진단을 발표했고 DSM-Ⅳ는 365개의 진단을, 2000년에 발표된 DSM-Ⅳ-TR(TR: 본문 개정판)은 374개의 진단이 명시되어 있다. 개정될 때마다 진단 기준이 늘어나 129페이지에 106개 진단이 들어있는 DSM-Ⅰ에 비하면 DSM-Ⅳ-TR은 거의 7배 이상 늘어난 988페이지에 진단 수는 374개로 4배 가까이 늘어난 셈이다. 이것이 극단적으로 서로의 이해가 충돌하고 제약업계와 복잡하게 얽힌 의사들로 구성된 위원회에서 합의한 결과이다.

이전의 DSM 개정판이 다 논란이 되었지만 DSM-5처럼 해당 분야 전문가들의 공격을 촉발하지는 않았다(Greenberg, 2013 a). 현재 DSM-5는 광범위한 증상을 진단 기준에 포함하고 낮아진 기준 때문에 이전에 정신질환이 아니었던 것들까지 범주에 포함시켜 약물치료 대상의 폭이 넓어졌다는 비판을 받고 있다. 모든 비평가들은 DSM-5가 정신의학을 일상의 삶으로 가져왔다는 데 동의하며 새로운 매뉴얼은 더 많은 사람의 정신의학적 진단과 더 많은 약물 처방을 가능하게 했다는 데 의견을 모은다. 항우울제를 복용한 미국 성인들이 이미 10퍼센트가 넘는다. (Greenberg, 2013) 그들은 DSM-5가 긍정 오류를 만연하게 할 수 있다고 경고했다.

개정된 DSM-5에 대한 논쟁을 요약하면 다음과 같다.

- 공공복지보다 이윤을 앞세워 비밀스럽고 폐쇄적이며 성급한 과정의 결과로 출판되었다.
- 많은 부분에서 과학적으로 부적절하며 통계적으로 신뢰할 수 없고, 많은 요구와 넓게 요청되는 외부의 과학적인 재검토를 받아들이지 못한다.
- 새롭고 검증되지 않은 진단이 많고 낮아진 진단 기준 때문에 임상적으로 위험하다.
- 정신의학적 진단 없이 잘 할 수 있는 사람을 정신 질환으로 잘못 판단하는 결과가 있을 것이다.
- 정신의학 약을 포함해 불필요하고 점재적으로 위험한 치료를 야기할 것이다.
- 귀중한 정신 건강 자원이 정말로 필요한 사람에게 전달되지 못할 것이다.

(International DSM-5 Response Committee, n. d.)

『정신병을 만드는 사람들Saving Norma』의 저자인 정신의학자 앨런 프랜시스Allen Frances는 다음과 같이 우려를 표명했다. "나의 악몽 시나리오는 DSM-5의 어리석음으로 인하여 제기된 많은 문제들로 인해 반드시 약이 필요한 환자들이 약의 복용을 거부하는 것이다." (Frances,

2013 i) 이는 불필요한 약물치료의 범람으로 인해 정작 약물치료가 필요한 사람이 그것을 거부하게 되는 부작용이 생길 것을 예상한 것이다. 또한 정신과 진단은 객관화된 생물학 검사보다 오류 가능성이 큰 주관판단에 완전히 의존한다고 그는 지적했다.

현재 항우울제 처방이 남발되고 있다는 사실은 2015년 존스홉킨스 블룸버그 공중보건대학 연구팀에 의해 보고되었다. 주요우울증 진단 기준에서 벗어난 환자들에게까지 항우울제를 처방하고, 심지어 병이 아닌데도 너무 쉽게 강박장애, 공황장애, 사회공포증, 불안 등으로 진단하고 항우울제를 처방한다는 결론을 내리기까지 했다. 이런 일련의 비판들은 반드시 주목할 필요가 있다.

DSM-5에 정신질환의 진단기준이 자세히 기술되었다고 해서 그것을 읽고 누구나 진단할 수 있는 것은 아니다. 반드시 전문교육을 받은 사람이 진단 기준으로 참고하는 것이고 임상 심리사나 상담사가 단독으로 진단하지는 않는다. 정신질환의 진단은 DSM-5에 기술된 증상과 징후를 확인하고 그와 함께 면담, 행동 관찰, 종합 심리검사 등 다양한 검사가 동반되어야 하며 정신건강의학과 전문의가 임상을 바탕으로 전문적 소견에 따라 진단과 처방을 내리고 치료를 설계하는 것이다. 여러 논란을 바탕으로 보면 이것만 유일한 기준으로 생각하여 지나치게 권위를 부여할 필요도 없지만 그렇다고 반드시 전문적 진단과 치료가 필요한 경우를 배제해서도 안된다는 것을 알 수 있다. 증상이 심각한 많은 경우 심리치료와 약물치료를 병행할 때 훨씬 효과가 있다고 한다. 약물치료를 겁을 내 너무 기피할 필요도 없고 과도하게 의존할 필요도 없는 것이다. 약을 먹지 않고 마음을 다스리고 조절하려 애쓰면서 진이 빠지도록 노력하던 사람이 콩알만한 작은 알약 하나로 편안해지는 경험을 하면서 허탈한 기분을 느꼈다고 한다. 우울증 치료제에 대한 논란은 다음 장에서 살펴보자.

8장 우울증 치료에 관한 오해와 진실

국내 유명 N 포탈 사이트에 우울증 치료를 검색하면 '꼭 알아야하는 미래 질병 10가지'라는 책의 내용으로 연결된다. 맨 아래쪽에 우울증 예방을 위한 십계명이 있는데 어렵지 않은 생활 수칙이라고 소개하고 있다. 한 번 읽고 생각해 보자.

첫째, 작은 일에 지나치게 얽매이지 않는다.

둘째, 스트레스의 원인을 파악한다.

셋째, 스트레스를 받을 때 자신의 반응을 분석한다.

넷째, 회피하기보다는 해결하고자 한다.

다섯째, 과거에 지나치게 집착하지 않는다.

여섯째, 생활 환경에 변화를 준다.

일곱째, 자신감을 갖고 긍정적으로 생각한다.

여덟째, 선택과 포기를 분명히 한다.

아홉째, 항상 대화하는 생활습관을 가진다.

열째, 자신을 구속하고 있는 자기만의 규칙에서 벗어난다.

이 열 가지는 일반적으로 긍정적으로 스트레스 없이 살기 위해 노력하는 사람들도 생각할 법한 것들이다. 이런 노력들을 하지 않는다고 다 우울증이 생기지는 않겠지만 저렇게만 할 수 있다면 스트레스 관리도 잘 되고 회복탄력성도 높아 밝게 생활할 수 있을 것이다. 그러나 사실 입증된 우울증 예방법은 없으며, 더구나 위의 몇 가지는 어떤 사람들에게는 결코 쉽지 않은 일이라는 것을 알 수 있다. 스트레스 없이 긍정적으로 자신감 있게 살고 싶지 않아서 그렇게 되는 것도 아닐뿐더러 노력한다고 다 되지 않는다는 것은 누구나 알 것이다. 이렇게 노력했음에도 불구하고 우울증이 찾아왔다면 어떻게 해야 할까? 의사의 진단을 받기 전이어도 아마 자기 자신은 어느 정도 감지하고 있을 것이다. 자기 기분이 나아지지 않고 우울한 상태가 지속되며 스스로 버티기가 많이 힘들다는 것을… 자기도 모르게 죽음을 생각하게 되고 이대로 끝난다고 해도 별다른 기분도 아니고 아무도 자기를 그리워하지도 않을 것 같다고 느끼고 있다는 것을… 혹은 끝없이 자기 연민에 빠져 눈물을 멈출 수 없게 되기도 하고 모든 것이 부정적으로 생각되며, 삶을 유지하는 활동과 인간 관계들이 아무런 가치도 의미도 없다고 느껴질 때, 아무도 이해하지 못하는 나만의 슬픔과 우울함이 사고를 압도해 긍정적인 생각을 아무것도 할 수가 없다는 것을…

우울증은 정신적인 면에서 생기는 질환이지만 내면에 표출하지 못한 수많은 감정이 고여서 신체적 증상도 나타나 안팎으로 고통스럽고 극단적 선택으로 이어지기도 해서 결코 쉽게 간과할 수 있는 병이 아니다. 의지만으로는 고치기 힘든 병이다. 그렇다고 우울증 약만 먹으면 간단히 치료되는 것도 아니다.

켈리 브로건 박사의『우울증 약이 우울증을 키운다』, 그리고 린다 개스크 박사의 『당신의 특별한 우울』 등, 정신과 의사이면서 동시에 우울증 환자였던 사람들의 우울증 연구이자 고백록인 책들이 최근 출간되었다. 우선 우울증 치료에 관해 일반적으로 알려진 상식과 위 책의 내용을 근거로 우울증에 대한 편견과 오해, 그리고 그들이 밝힌 진실을 간략히 소개한다.

일반적으로 인터넷 자료에서 쉽게 찾아볼 수 있는 내용을 보면 우울증 치료는 정신치료와 약물치료를 함께 하는 통합치료가 효과적이라고 한다. 약물치료의 경우 항우울제만으로도 70% 이상 효과가 있는데, 재발 가능성이 있어 최소 6개월간 꾸준히 복용해야 한다. 최근 개발된 약물들은 부작용을 최소화하고 우울 증상, 감정 조절에 선택적인 효과가 있는 것으로 알려져 복용하기가 쉽다고 한다. 의사의 면밀한 진단이 있은 후에 처방을 받을 수 있다. 우울증에 빠진 사람들의 뇌 속 신경전달물질인 세로토닌, 노르에피네프린 등이 제대로 작용하지 못하는 것을 바로잡는 항우울제와 계절성 우울증 환자에게는 광선치료, 심한 우울증 환자에게는 자기장 치료 혹은 전기경련요법을 시도하기도 한다. 그리고 정신치료는 전문가와의 상담을 기본으로 하는데 우울증 환자에게 흔한 인지적 왜곡을 다루는 인지행동치료와 더불어 우울증상을 악화시키는 술이나 담배, 불법 약물 등을 금하고 운동을 한다는 등의 생활 지침을 지킬 것을 권고한다(네이버).

근래 들어와 뇌과학은 눈부신 발전을 이루었다. 이전 100여년 간 발전해 오던 속도에 비해 최근 20년간의 연구 결과와 치료법 등은 획기적이라고 한다. 그래서인지 심리치료가 약물치료보다 효과가 덜하다는 오해도 생기고 약물치료의 효능에 의존하며 과잉처방을 하는 등의 문제도 있다. 약을 복용하는 것이 우울증 치료의 유일한 방법일까?

약물은 일부 증상에 도움이 될 수 있으나 근본적인 마음의 문제를 해결해주는 것은 아니다. 우울증 치료제로 인해 우울한 기분이 감소되면서 의욕도 못 느끼게 된다고 느끼는 사람들도 많고 연구 결과, 장기간 치료를 받으며 사회적 역할을 잘 못하는 능력 장애가 오히려 늘어났다고 한다. 놀라운 사실은 아이들에게 우울증뿐만 아니라 주의 산만, 분노발작, 틱, 자폐증, 사고력 저하에도 항우울제를 처방한다고 한다. 정말 어린 아이들에게도 안전하고 효과적인 약물인 것일까? 런던대학교 정신의학과 교수 조애나 몬크리프Joanna Moncrieff는 2006년 〈항우울제는 뇌의 이상을 치료하는가, 아니면 야기하는가?〉라는 제목의 보고서에서 항우울제라는 약은 존재하지 않는다는 분석 결과를 내놓았다. 항우울제의 단기적 효과는 다른 약물과 공통적이며, 항우울제나 기타 약물로 하는 장기간의 약물치료는 기분을 좋아지게 하는 효과가 없는 것으로 나타났기에 '항우울제'라는 용어를 폐기할 것을 제안하였다.

항우울제로 알려진 선택적 세로토닌 재흡수 억제제(SSRIs)는 뇌 신경 세포 사이의 세로토닌 농도를 높여 우울한 기분을 치료하는 것인데 이제는 이 약물이 뇌화학물질 불균형을 교정한다는 생각이 너무 보편적이라 누구도 문제를 제기하거나 현대과학의 엄정함이라는 잣대에 비춰 연구하려 들지 않는다고 몬크리프 교수는 지적하고 있다. 우리는 이들 약물이 '질병에 기반해' 효과가 있다고 믿도록 설득당해 인체 생리의 실제 병을 고치고 치유한다고 믿는다는 것이다. 낮은 세로토닌 수치와 우울증을 연결하는데 성공한 보고서는 단 한 편도 없고, 오히려 높은 세로토닌 수치가 조현병과 자폐증을 비롯해 광범위한 문제와 연관되어 있다고 주장하며 우울증의 세로토닌 가설은 철저한 신화라고 하였다. 사실 60여년간 누적된 연구 데이터는 여전히 상충되고 혼란스러우며 쉽게 결론을 내지 못하고 있다(켈리 브로건, 2020).

반면 린다 개스크 박사는 오랜 기간 약물치료와 상담치료를 받으면서 부작용을 경험하기도 했지만 적응할만한 수준이었다고 하며 정신과 의사로서 직업적 성취도 이루었고 행복한 두번째 결혼생활을 잘 유지하고 있는 자신의 삶을 솔직하게 고백하였다. 어느 정도는 지속적인 심리치료와 꾸준히 약을 복용한 덕분이라고 하며 그 두 치료법이 중요한 역할을 했다고 한다.

사람들은 확실한 한 가지 치료법이 없다고 생각할 때 혼란스럽고 불안할 수 있다. 그러나 지금의 스마트폰만큼의 성능도 안되는 컴퓨터를 가지고 그동안 인류가 해낸 일들을 생각해보자. 우리는 멈춰 있지 않으니 더 안전한 치료법은 계속 연구될 것이다. 다양한 자료들을 읽고 부정적으로 생각하기 보다 그래도 가족과 친구들의 지지를 받으며 전문가에게 상담을 계속하는 것이 아무것도 안 하는 것보다 낫다. 상담을 시작했는데 뭔가 효과가 없다고 생각되거나 상담이 불편하게 느껴진다면 무엇이 그렇게 느껴지게 만드는지 탐색해 보아야 한다. 그렇게 자기를 알아가고 또 다른 상담사를 찾아보면 된다. 자기를 고립시키지 말고 자꾸 노출하는 것이 더 건강한 태도이다. 오늘 건강한 태도를 하나 노력하는 것이 건강한 삶으로의 첫 발걸음이 될 수 있다.

또 다른 오해는 우울증 치료에 오랜 시간이 걸린다는 것이다. 그러나 이는 케이스마다 다르고 치료법과 사람에 따라 차이가 있다. 오랜 기간 치료를 받고 상담을 하는 것에 부담을 느끼는 경우도 있지만 사실 마음을 다루는 일이므로 심리치료는 단기간에 되지는 않는다. 우울증이 되기까지 그 마음은 상처와 우울감을 얼마 동안 감당하고 있었을지 생각해 보면 치료도 조급해하지 않을 수 있을 것이다. 또 약물치료의 경우에도 재발을 방지하기 위해 9개월~13개월 정도 지속하고 정도와 시작 시기에 따라 5년간 약물치료를 받는 경우도 있다고 한다. 아팠던 기간만큼 아니 어쩌면 그 두 배로 마음을 치료하는 시간이 필요할지 모른다. 미국심리학회(APA)에서 효과적이라고 확인한 치료법은 행동요법, 인지행동치료, 문제해결요법, 맥컬러프 심리치료의 인지행동분석시스템, 렘의 자기 통제 치료 등이 있다. 이는 평균 16~20 회기로 3~4개월 정도 소요되는데 물론 이는 심리학자들마다 차이가 있을 수 있다. 그러나 연구결과 성공적인 인지행동치료는 평균 15회기로 3개월 정도 걸리며 이 기간에 치료 목표에 도달하지 못하면 치료사는 환자의 상황을 다시 판단해야 한다. 모든 환자에게 알맞게 적용되는 단 하나의 심리치료는 없다. 그리고 이렇게 전문적인 심리치료가 필요한 심한 우울증 외에 코로나 블루나 계절성 우울증 같이 비교적 가벼운 우울증의 경우에도 상담은 도움이 된다. 그냥 방치하고 혼자 버티기보다는 누군가에게 얘기를 해야 한다.

에필로그

  우울증이 묘사된 영화들을 보면서 우울증을 좀 더 잘 이해할 수 있게 되었다면 이 책은 소임을 다한 것이다. 영화 속 묘사가 우울증의 전부라고 말할 수는 없지만 어느 정도 이해하는 데는 도움이 된다. 공감이 되는 부분이 있었다면 자기 마음을 들여다보고, 다른 누군가의 마음도 이해할 수 있는 기회가 될 것이다. 여기 선정된 영화 외에도 정신질환의 이해를 돕는 영화는 많이 있다. 영화를 좋아하는 사람들에게는 이만큼 좋은 자료도 없다. 영화는 많은 사람들이 데이트, 여가, 문화 생활을 즐기는 가장 저렴하고 쉽게 접할 수 있는 방법이며 오락과 예술을 폭넓게 아우르는 콘텐츠이자 동시에 인간의 모든 감정을 가장 잘 묘사하여 사람을 돕는 직업군에게는 가장 좋은 참고서가 되는 자료이다.

  점점 더 증가하고 있는 우울증은 대부분 상실, 관계의 단절, 고립 등으로 인해 생긴다. 고립은 사람을 취약하게 만든다. 코로나 블루는 사회적 거리두기로 인해 예상치 못한 고립감을 느끼게 되어 생기는 것이다. 대인관계는 좋을 때도 있고 힘들 때도 있지만 사람은 혼자서는 건강할 수 없기에 어떻게든 서로 접촉하고 연결되어 유대감을 느끼며 살아야 한다. 그렇다고 필연적으로 개인주의적인 현대 사회에 살면서 옛날로 시간을 거슬러 갈 수는 없다. 따라서 우리는 현재를 살면서 우리의 우울을 알고 이해하며 대처해야 한다. 사실 우울증 때문에 일상생활을 넘어 직장생활에 지장이 있을까봐 두려워하는 사람들이 많이 있다. 오해와 편견도 반갑지 않을 뿐만 아니라 가족, 동료, 직장에 피해를 주어 고통이 가중될까봐 쉽게 드러내고 이해를 구할 수가 없는 것이다. 그러나 린다 개스크 박사는 우울증은 지극히 개인적인 병이고, 도움의 손길을 요청하는 것은 부끄러운 일이 아니라며 그러한 정직한 용기를 포용하지 못하는 사회도 많지만 우울증을 부끄러워할 이유가 없다고 썼다. 우울증은 누구나 걸릴 수 있으니 이상하게 볼 필요가 없다. 부끄러운 일도 잘못한 일도 아니니 낙인을 찍는 것은 더구나 안 될 일이다. 사람들의 다름과 약함을 좀 더 너그럽고 관대하게 포용할 수 있는 성숙한 우리가 되길 간절히 바란다.

영화라는 거울을 통해 나 자신과 우리의 삶을 비춰 직면해보는 기회를 이 책이 줄 수 있으면 좋겠다. 우울을 무작정 숨기고 회피하기보다 그리고 예민하고 상처를 잘 받는 자신을 탓하거나 반대로 모든 것을 환경이나 다른 사람의 탓으로 돌리기보다 한번 그대로 직면해보면 새로운 통찰이 일어날 수도 있다. 아프면 아픈 대로, 슬프면 슬픈 대로, 아름답지 않다고 수치스러워할 필요도 없다. 현재 상태가 어떻든 있는 모습 그대로 우리 존재는 귀하고 가치 있으니까.

간간히 들려오는 연예인들의 자살 소식에 항상 안타까운 마음이다. 드러나지 않는 사람들에 비해 그들은 미디어에 노출되어 많은 사람들이 안다는 이유로 더 선정적으로 기사화되었겠지만 한발짝 물러나 생각해보면 미디어나 미디어를 통해 그들을 보는 사람들이 과연 그들을 진정으로 안다고 말할 수 있을까 하는 생각이 든다. 나를 진정으로 모르는 사람들의 평가에 우리는 신경을 써야 하는 걸까 하는 생각과 함께 말이다. 하지만 그게 신경이 쓰인다 해서 그게 그 사람 잘못은 아니다. 다른 사람의 평가나 사소한 말에 신경이 쓰이고 마음이 가라앉는다면 내 마음이 어떤 이유로든 취약해졌다는 증거다. 밝고 긍정적인 사람도 때에 따라 마음이 약해질 수 있다. 코로나블루를 경험했다면 아마 나는 절대 우울증에 걸리지 않을 거라고 아무도 장담할 수 없다는 것을 알 것이다. 약해졌을 때 스스로 돕든 도움을 받든 선택해야 한다. 선택과 결정은 당사자의 중요한 과제이다. 선택할 수 있는 힘이 있을 때 손을 내밀어 보자.

우울한 뉴스를 접할 때마다 드는 생각은 '우리가 서로 용납하고 지지하는 사회에서 산다면 더 좋을텐데… 서로를 존중하고 있는 그대로 인정하는 사회가 되려면 아직 갈 길이 멀었나 보다'로 이어진다. 우울증은 개인적 질병이라 개인 차원의 문제로 시작되지만 높은 자살률은 사회적 차원으로 보아야하기 때문이다. 자살하는 사람들의 70%가 우울증으로 알려져 있다. OECD 회원국 34개국 중에서 2003년부터 2016년까지 14년 동안 부동의 1위였으며, 2017년 한 해를 제외하고 2018년부터 2020년까지 최고 수준의 자살률을 기록한 나라가 바로 대한민국이다(2020년 기준). 게다가 국가별 연령구조의 차이를 제거한 '연령표준화 자살률'에서도 한국의 자살률은 인구 10만명당 24.6명(2019년)으로 OECD 평균(11.3명)의 2배가 넘고, 특히 젊은 세대인 10대, 20대, 30대 사망원인 1위가 자살이라는 점은(조선일보. 2020.09.20) 국가적 차원의 관심과 노력으로 적절한 대책을 세워야 함을 시사한다. 자살은 심리사회적 환경, 심리장애, 신경생물학적 요인, 사회문화적 요인, 성격 특성 등이 복합적으로 작용한 결과로 알려져 있다(김청송. 2016). 마음 속에 절망감만 가득하여 신변을 비관하는 어두운 그늘이 져 있는 사람은 그러한 위험 요인에 취약한 것으로 볼 수 있다. 사회적 차원의 자살 예방 프로그램도 필요하지만 우리 모두가 서로를 지원하고 지키는 역할을 나눠서 한다면 더 따뜻하고 안전한 사회가 될 수 있을 것이다.

10대 청소년들의 세계를 그린 미국 드라마 '루머의 루머의 루머'에서 한 친구의 자살 이후 충격과 혼란에 빠진 아이들은 트라우마를 극복하기 위해 눈물겨운 노력을 하며 불안정한 친구를 위해 시간표를 짜서 서로 돌아가며 밀착 동행을 하는 모습을 보여준다. 다시는 그런 일이 생기지 않도록 노력하며 그야말로 친구가 되어준 것이다. 자살하는 사람들 대부분이 혼자 있는 외로운 시간에 고통을 끝내기 위해 생을 마감하는 선택을 한다는 것을 고려하면 곁에 있어주는 보여줄 수 있는 사랑이 진짜 인간애가 아닐까 하고 생각하게 된다.

우울증은 치료 가능하다. 우울증의 원인이 된 상황이나 사람 등을 바꿀 수 없더라도 나의 마음은 돌볼 수 있다. 그리고 마음을 돌보는 노력은 절대 헛되지 않다. 지금도 우울증과 싸우며 극복하려 노력하는 수많은 사람들의 용기에 박수를 보낸다. 그리고 그런 사람들을 돕는 전문가들과 이 책을 읽으며 영화와 함께 우울증을 이해하는 여정을 함께 해 온 모든 사람들을 마음 깊이 응원한다.

부록 [DSM-5에 기술된 우울장애]

정신장애의 범주와 유형(DSM-5)에 기술된 우울장애에 대해 살펴보자. 우울증을 검색해보면 수많은 용어들을 보게 된다. DSM이 개정되면서 용어도 바뀌었고 구분하는 기준에 따라 다른 용어를 쓰기 때문에 우울증을 처음 검색하는 사람들을 혼란에 빠지게 한다. 갱년기 우울증, 주부 우울증, 계절성 우울증, 산후 우울증 등 일반인들에게도 익숙한 용어도 몇몇 있지만, 정신증적 우울증, 신경증적 우울증, 내인성 우울증, 반응성 우울증, 단극성 혹은 양극성 우울증, 가면 우울증 등 용어만 봐서는 전혀 알 수가 없는 것도 있다.

그러나 이러한 용어들을 안다고 우울증이라는 중요한 문제를 해결할 수 있는 것은 아니다. 누구나 우울할 때가 있고 기분의 변화를 느끼면서 살아가는데 그런 상태가 치료가 필요한 병인지 아니면 그냥 문제만 제거하면 괜찮아지는 일시적 기분인지 쉽게 판단할 수가 없기 때문이다. 우울증의 증상은 "우울하고, 슬픈 기분이 들고, 매사에 의욕이 없고, 공허하고, 무가치함과 죄책감을 느끼고, 짜증스러운 기분 등의 복합적인 감정이 하루의 대부분 그리고 거의 매일 지속되는" 것이다(김청송. 2016). 이러한 상태가 일상생활을 해 나갈 수 없을 정도로 심각하거나 고통이 극에 달해 불행한 상태에서 벗어나기가 어렵다면 정상적인 생활을 유지할 수 없을 것이다. 그럴 때 우울증을 주요 증상으로 하는 우울장애로 진단될 수 있다.

우선은 가장 최근 버전인 DSM-5에 기술된 우울장애(Depressive Disorders)의 대표적인 4가지 하위 유형과 그 진단 특징, 그리고 우울장애에 동반되는 9가지 임상적 양상을 살펴본다. 이는 진단 특징과 양상의 세부 유형을 함께 살펴 진단의 정확성을 높이고 구체적인 치료 계획을 세우기 위한 것이다. 우울장애의 하위 유형은 4가지이며 그 특징은 다음과 같다.

1. 파괴적 기분조절곤란 장애

6세에서 18세 사이의 연령에 해당하고 10세 이전에 증상이 시작되며, 늘 짜증이 나는 만성적인 불쾌감과 평균 매주 3회 이상 간헐적으로 분노를 폭발하는 증상이 1년 이상 지속적으로 나타나는 특징을 보일 경우 진단한다. 상황이나 촉발 자극에 비해 뚜렷하게 과도한 언어적, 행동적 분노 폭발이 반복적으로 나타나며, 발달 수준에 부적절하고 부모 외에 교사나 또래 등 주변의 다른 사람들도 관찰할 수 있는 정도여야 한다.

2. 주요 우울장애

우울한 기분이나 흥미와 즐거움을 상실한 상태가 거의 매일 하루의 대부분 연속적으로 2주 이상 나타난다면 주요 우울장애 진단을 받게 된다. 아동이나 청소년은 과민한 기분으로도 보일 수 있다. 자기 자신과 다른 사람들의 관찰로도 우울한 기분이 나타날 정도여야 한다. 또한 다이어트를 하지 않는데도 뚜렷하게 체중이나 식욕이 감소하거나 증가하고, 거의 매일 불면이나 과다수면이 나타난다. 거의 매일 정신운동성 초조나 지체가 나타나 안절부절 못하고 가라앉는 느낌이 다른 사람도 관찰이 가능할 정도로 나타난다. 피로감과 활력 상실, 자신에 대한 무가치감과 과도한 죄책감, 사고력과 집중력의 감소, 우유부단함 등이 거의 매일 나타나고 죽음에 대한 반복적인 생각이나 자살 수행에 대한 구체적 계획을 세우기도 하고 실제로 자살기도를 하기도 한다. 그러나 주요 우울장애로 진단하려면 조증이나 경조증 삽화가 없어야 하고, 다른 물질이나 의학적 질환의 생리적 효과로 인한 삽화가 아니어야 하며, 다른 정신과적 질환 즉, 분열정동장애, 정신분열증(조현병), 정신분열형 장애, 망상장애, 기타 정신분열 스펙트럼 장애 등으로 주요 우울 삽화가 더 잘 설명되지 않아야 한다.

3. 지속성 우울장애

주요 우울장애보다 경미한 우울 증상이 최소한 2년 이상 만성적으로 나타나면 지속성 우울장애로 진단하는데 아동이나 청소년의 경우 1년으로도 진단을 받는다. 기분저하증 혹은 기분부전증이라고도 한다. 증상이 삽화적이 아니고 만성적이며 조증이나 경조증 삽화가 없어야 한다. 거의 매일 암울한 기분 속에서 지내는 만성적인 가벼운 우울증이 끊임없이 지속되지만 기능을 잘 할 수도 있고 우울증을 잘 숨길 수도 있다. 아동이나 청소년의 경우 쉽게 화를 내고 까다롭게 굴면서 자존감이 낮고 사회적 관계가 빈약하며 염세적인 경향이 짙다. 주요 우울장애와 겹쳐서 나타나는 경우가 대부분이며 주요 우울장애 환자들 중 15~25%가 지속성 우울장애에 해당된다. 우울할 때 식욕부진이나 과식, 불면 또는 수면 과다, 활력의 저하 또는 피로, 자존감의 저하, 집중력 감소나 의사결정 곤란, 절망감 등 6가지 증상 중 2가지 이상이 나타난다. 또한 조증이나 경조증 삽화 등 없어야 하는 기준은 주요 우울장애와 같다.

4. 월경전 불쾌장애

여성의 월경 시작 전주에 신체적, 감정적, 인지적으로 다양한 불쾌 증상들이 심각하게 나타날 때 진단한다. 가임기 여성의 70~80%가 월경이 시작되기 전에 기분의 변화와 신체적 고통을 겪지만 대다수가 최소한의 약과 휴식 등으로 대처하며 특별히 치료를 받지는 않는다. 그러나 20~40% 정도는 그 증상이 심해서 일상생활이 어려울 정도인데 이것이 월경전 증후군이며 월경전 불쾌장애는 이보다 증상이 훨씬 더 심각하고 일상생활에 지장을 초래할 때 진단된다. 계절성 우울증이 있는 여성에게 동반될 가능성이 높고, 치료를 받지 않으면 증상이 심해지고 심적 고통이 가중되는데 주요 우울장애, 양극성 장애, 불안장애와 공병률이 높다. 기분이 쉽게 동요해 갑자기 눈물이 난다거나 거절에 민감해지는 등 정서적 불안정성이 뚜렷하고 과민성, 분노, 관계의 갈등이 증가하거나 뚜렷하게 우울한 기분과 자기 비하적 사고, 불안, 긴장, 안절부절한 느낌 중 1가지 이상이 존재해야 한다. 또한 다음 7가지 증상 중 1가지 이상이 위의 느낌과 함께 나타나야 한다. 하나, 일이나 학교, 친구, 취미 등의 일상적 활동에 흥미가 감소한다. 둘, 주의집중이 어려우며, 셋, 무기력감과 쉽게 피곤해지고 에너지가 부족하다. 넷, 과식 혹은 특정 음식을 찾는 등 식욕의 변화가 있다. 다섯, 과다 수면 또는 불면 증상이 있다. 여섯, 압도되거나 통제력을 상실할 듯한 느낌에 사로잡힌다. 일곱, 유방 압통, 팽만감, 관절통, 근육통, 더부룩한 느낌과 체중이 증가하는 등의 신체적 증상이 있다. 이는 주요 우울장애, 공황장애, 지속성 우울장애(기분저하증), 성격장애 등의 증상 악화가 아니어야 하고 다른 물질이나 의학적 질환의 생리적 효과가 아니어야 한다.

이러한 진단 특징 외에 다양한 양상이 동반되는데 각 세부 유형과 진단 특징은 다음과 같다.

1. 불안 양상

우울과 불안은 동반되어 나타나는 경우가 많다. 주요 우울장애나 지속성 우울장애와 함께 긴장되고 흥분된 감정, 안절부절 못함, 걱정으로 인한 집중 곤란, 끔찍한 일이 일어날지도 모른다는 두려움, 자신에 대한 통제력을 상실할 것 같은 느낌 등 5가지 특징적인 불안 증상 중 2개 이상이 나타나면 '우울장애 + 불안 양상 동반'으로 진단된다.

2. 혼재성 양상

주요 우울 삽화(우울한 기분이 지속되는 기간)가 나타나는 시간의 대부분

'조증이나 경조증'이 거의 매일 나타나는 경우이다.

3. 멜랑꼴리아 양상

거의 모든 활동에서 즐거움을 상실하거나 어떤 좋은 일에 일시적으로라도 기분이 좋아지지 않는 상태 즉, 자극에 대한 반응이 결여된 양상 중 하나가 최근 기분 삽화 중 가장 심한 기간에 나타난다면 의심해 볼 수 있다. 또한 이와 더불어 깊은 낙담과 절망 혹은 시무룩함이나 공허함, 아침에 더 심해지는 우울증, 평소보다 2시간 이상 일찍 잠이 깨거나, 정신운동성 초조나 지체가 뚜렷하고, 심각한 식욕 상실과 체중 감소, 과도하거나 부적절한 죄책감 등 6가지 양상 중 3개 이상이 동반되어 나타나면 멜랑꼴리아형 우울증으로 진단될 수 있다.

4. 비전형적 양상

주요 우울 삽화 중 대부분의 시간에 긍정적인 자극에 쉽게 기분이 좋아지는 기분 반응성이 우세하면서 심각한 체중 증가나 식욕 증가, 과다수면, 팔다리가 납처럼 무거운 느낌(연마비), 대인관계에서 거절 민감성이 사회적 혹은 직업적 기능 손상을 초래하는 4가지 증상 중 2개 이상이 나타나는 경우를 말한다.

5. 기분과 일치하는 정신증적 양상

우울증의 주제나 집착이 망상적 확신이나 환각이 되는 경우, 또 그 내용이 부족감, 죄책감, 질병, 죽음, 허무주의 또는 처벌받고 있다는 느낌 등 전형적인 우울증 주제와 일치할 때, 예를 들어 사랑했던 사람의 죽음이 자기 탓이라고 생각하거나 용서받을 수 없는 죄를 지어서 죽어야 마땅하다는 생각 등의 양상을 보인다.

6. 기분과 일치하지 않는 정신증적 양상

망상이나 환각의 내용이 피해망상이나 사고침입, 조정망상 등으로 '우울증'의 주제와 직접적 관련이 없는 경우이다.

7. 긴장증 동반

긴장증이란 혼미증, 강직증, 납굴증, 함구증, 거부증, 긴장성 자세, 매너리즘, 상동증, 흥분증, 얼굴찡그림, 반향언어, 반향행동 등의 정신운동 장애와 행동이상을 보이는 정신병적 상태인데 이러한 긴장증적 행동이 주요 우울 삽화 대부분의 기간 동안 동반되는 경우를 말한다.

8. 주산기 발병 동반

임신 중이나 출산 후 4주 이내에 '조증, 경조증, 혹은 우울 삽화'가 나타나는 경우이다. 대략 3~6%의 여성이 임신기간이나 출산 후 몇 주 내지 몇 개월 이내에 주요 우울장애가 발병한다고 한다. 이것이 주산기 우울삽화인데 이 삽화가 있는 여성들은 심한 불안과 공황발작을 경험하기도 하고, 환청이나 망상 등 정신증적 양상을 동반하기도 해 종종 영아살해가 일어나기도 한다.

9. 계절성 동반

특히 겨울처럼 일조량이 부족한 특정 계절에 우울장애가 반복해서 나타나는 경우가 있는데 이는 '재발성 주요 우울장애'에 적용되는 양상으로 본다.

이렇게 9가지 양상중 동반되는 것이 있는지를 살펴서 진단을 내린다. 우울증은 개인의 생물학적 취약성, 환경적 취약성, 심리적 취약성의 상호작용에 의해 유발된다. 생물학적 취약성은 유전적 요인이나 신경전달물질의 불균형, 뇌구조의 기능장애, 호르몬 이상, 생체리듬 등이 관여하는 것이고, 환경적 취약성은 부정적인 생활사건들이 스트레스 요인이 되어 우울증을 일으키는 것이며 이는 부정적 감정을 유발하는 자극들과 관련이 깊다. 위험요인으로 작용하는 주요 생활사건들은 성인과 대학생의 경우 약간의 차이점은 있지만 대부분 가족이나 연인, 친구 등 중요한 대상의 죽음이나 상실이 가장 높은 심리적 충격의 강도를 보인다. 그 외에도 질병이나 가정불화, 학업이나 업무의 부진과 실패, 인간관계의 악화, 따돌림, 실직이나 사업 실패, 경제적 곤란, 사회적 지지의 결핍 등의 힘든 상황들이 위험요인으로 작용한다.

심리적 취약성은 프로이트Freud의 정신분석이론, 셀리그만Seligman의 학습된 무기력 이론, 아브람슨Abramson, 셀리그만Seligman과 티즈데일Teasdale의 귀인이론, 벡Beck의 인지이론 등이 설명하고 있다. 그중에 인지이론은 우울증을 일으키는 왜곡된 3가지 인지적 특성을 밝히고 있는데 부정적인 자기지각과 현재 경험에 대한 부정적 해석, 그리고 미래에 대한 부정적 시각이다. 이것이 인지적 오류에 의해 자동적 사고로 매개되기 때문에 우울증에 걸린다고 보았다. 우울증을 일으키는 인지적 오류들은 자신의 인지 도식을 검토해볼 수 있는 좋은 자료이기에 아래 표로 소개한다.

〈표1〉 우울증을 일으키는 인지적 오류들

왜곡된 사고	정의/생각의 예
흑백논리적 사고	사물을 이분법적 범주로 구분하여 보는 경우/ '내 의견에 동의하지 않는 사람은 모두 적이야.'
재앙적(파국적) 사고	항상 부정적인 측면만 바라보고 최악의 사태를 생각하는 경우/ '취직을 못하면 난 굶어 죽을 거야.'
과잉일반화	한두 번의 사건이나 경험에 근거하여 일반적인 결론을 내리고, 무관한 상황에도 이를 적용하려는 경우 / '처음으로 사기를 당하고 보니 세상 사람들이 다 사기꾼 같아.', '국어시험을 망쳤으니 이번 시험은 다 망칠 거야.'
의미확대와 의미축소	어떤 사건이나 경험의 중요성을 부정적 해석구조에 따라 지나치게 확대하거나 축소하는 경우/ 한두 번 지각한 학생을 보고 '게으른 사람이야'라고 생각, '평범하다는 평가를 받는 것은 내가 부적절하고 무능력하다는 뜻이야'
잘못된 명명 (자기 준거)	사람의 특성이나 행위를 기술할 때 과장되거나 부적절한 명칭을 사용하는 경우 / '나는 실패자다', '그는 인간 쓰레기다'
독심술	충분한 근거도 없이 다른 사람의 생각을 자기 마음대로 추측하고 단정하는 경우/ 자신을 알아보지 못하고 인사하지 않고 지나간 친구를 보고 '저 친구는 나를 싫어하는게 틀림없어'라고 생각

예언자적 오류	미래에 어떤 일이 일어날 것이라고 단정하고 확신하는 경우/ 갑자기 불안발작이 오자 '난 미쳐버리거나 죽게 될 거야' 라고 생각
독단적 추론	원인과 결과의 관련성을 잘못 추론하여 결론을 내리는 경우/ 시험을 망친 후 '아침에 화장실에서 넘어지더니 하루 종일 재수가 없어서 그런 거야'라고 생각
선택적 추상 (정신적 여과)	어떤 상황에서 일어난 여러가지 일 중 일부만을 뽑아내어 상황 전체를 판단하는 경우/ 긍정적인 대화내용이 더 많았음에도 부정적인 몇 마디에 근거하여 '그 사람이 나를 비판했다'고 생각하거나, 많은 친구들이 반갑게 인사한 것보다 한 사람이 인사를 받아주지 않았다고 '나는 왕따야'라고 생각
감정적 추리	충분한 근거도 없이 막연히 느껴지는 감정에 따라 결론을 내리는 경우/ '내가 이렇게 느껴지는 걸 보니 사실임에 틀림없어.', '메시지에 답이 없는 걸 보니 이 사람은 나를 피하고 있어.'
개인화	자신과 무관한 사건이나 일을 자신과 관련된 것으로 잘못 해석하는 경우 / '친구들이 모여서 웃는 걸 보니 나를 비웃는 것이 틀림없어', '팀장님이 화가 난 것은 나 때문이야'
과도한 책임	나쁜 일이나 실패는 전적으로 자기책임으로 보는 경우/ '모든 게 나 때문이야'
인과성의 가정	과거에도 그랬다면 미래에도 그럴 것이라고 보는 경우/ '전에도 그랬으니 이번에도 분명 잘못될 거야'

표1. 김청송(2016) 표6-4를 직접 인용하고 예를 추가함.

부정적인 인지도식을 가지고 있는 사람들은 인지적 오류를 많이 범하게 된다. 부정적 인지도식은 어린 시절의 경험과 타고난 취약성을 기반으로 형성되며 부정적인 생활 사건에 직면하면 활성화되어 그 사건의 의미를 부정적으로 왜곡한다. 이러한 부정적 인지도식은 ~를 해야만 한다, ~을 해서는 안 된다, ~를 할 수 없다는 식의 역기능적 신념으로 나타나는데 이는 현실적으로 실현 불가능하여 흔히 좌절과 실패를 초래하고 그 결과 우울증이 오기 쉬운 것이다.

이렇게 우울증을 설명하는 여러 이론들을 바탕으로 자기 자신의 취약한 부분을 검토해볼 수 있다. 자신이 잃어버린 것이 무엇인지 찾아보고 희망을 잃지 않는다면 가능성이 있다. 여기 요약된 내용은 비교적 쉽게 요약된 것인데 이를 읽고 상담 혹은 심리치료를 고려하고 있다면 전문가를 만나보기를 추천한다.

※부록의 내용은 김청송(2016)의 제2판 사례 중심의 이상심리학의 내용을 요약 발췌한 것임을 밝힌다.

Bibliography

영화

Mike, B. (2007). Reign Over Me [Film]. USA; Columbia Pictures.

Frankel, D. (2016). Collateral Beauty [Film]. USA; Warner Bros. Pictures.

Kiyoshi, S. (2011). ツレがうつになりまして。[Film]. Japan.

von Trier, L. (2011). Melancholia [Film]. Denmark; Nordisk Film.

이원식. (2012). 누나 [Film]. Korea; 어뮤즈.

이한. (2013). 우아한 거짓말 [Film]. Korea; 유비유필름, 무비락.

단행본

Archibald D. Hart. (1996). 우울증 상담 (심상권 역). 두란노.

Brogan K. (2020) 우울증 약이 우울증을 키운다 (곽재은 역). 쌤앤 파커스.

Gask L. (2020). 당신의 특별한 우울 (홍한결 역). 윌북.

Gregerson, M. (2020). 영화, 심리학과 라이프코칭의 거울 (앤디황, 이신애 역). 한국 코칭수퍼비전아카데미.

Kirby, G., & Goodpaster, J. (2002). Thinking. Prentice Hall.

김청송. (2016). 제2판 사례중심의 이상심리학. 싸이앤북스.

변성숙, 변국희, 안해용. (2018). 학교폭력솔루션 좁쌀한알.

전요섭. (2007). 기독교 상담과 신앙. 좋은 나무.

논문

Cho, Y. O. (2012). A Study on the Moderating Effect of Student-Teacher and Child-Parents Association in the Relationships between Victimization of School Violence and Psychological Depression Symptom. Korea Victims Association, 233-256.

Son, B. K. (2011). The Validity of the Korean Version of CORE. Injae University. Retrieved November 22. 2017

김경수. (2017). 외상 후 스트레스장애 (PTSD) 후유증 극복을 위한 시네마테라피 활용에 관한 고찰: 이해와 치유 중심으로 한 <레인 오버 미 (Reign Over Me)> 등장인물의 동일시 과정 분석. 애니메이션연구, 13(2), 7-31.

박준형. (2011), 우울증 성인을 위한 영화 제작 치료 사례연구, 성균관대학교 일반대학원, p26-30

이대환, 최영민, 조수철, 이정호, 신민섭, 아동우, ... & 김붕년. (2006). 청소년 인터넷 중독과 우울, 충동성, 강박성과의 연관성. 소아·청소년정신의학, 17(1), 10-18.

조윤오. (2012), 학교폭력 피해와 우울증 간의 관계에서 교사 및 부모관계 조절효과

한효정, 조희주. (2016). 이야기치료 기법을 활용한 자기서사 탐색과 치료-우울증 진단을 받은 중년여성을 사례로. 인문사회 21, 7(2), 185-206.

인터넷 자료

[신형철의 스토리-텔링] 저스틴, 이것은 당신을 위한 종말입니다. (2020). Retrieved 13 October 2020, from http://www.cine21.com/news/view/?mag_id=70527

[종합4보] 獨경찰 "뮌헨 총기난사 극우테러 가능성… IS·난민 무관". (2020). Retrieved 13 October 2020, from http://me2.do/5lom0ezl

'2022년 자살률 17명' 목표에도 26.9명으로 2년 연속 상승. Chosun.com. (2020). Retrieved 18 October 2020, from https://www.chosun.com/economy/2020/09/22/KKYEIYQS65EBHJJFDZ7OS5DOZY/.

4·16 세월호 참사. Terms.naver.com. (2020). Retrieved 17 October 2020, from http://terms.naver.com/entry.nhn?docId=2119309&cid=43667&categoryId=43667.

chosun, h. (2020). 사건의 감정이 뇌에 남긴 상혼 트라우마. Retrieved 13 October 2020, from http://m.health.chosun.com/svc/news_view.html?contid=2014081902559

News.khan.co.kr. 2020. 가습기 살균제 참사 기록 '엄마 숨이 안 쉬어져3' / 떠나간 아이들, 빼앗긴 행복 [online] Available at: 〈http://news.khan.co.kr/kh_news/khan_art_view.html?artid=201609101051001&code=940100#csidx54d7dbe204768e8b9bae4b1d40b6d24〉 [Accessed 13 October 2020].

Samsunghospital.com. 2020. 우울증센터 | 삼성서울병원. [online] Available at: 〈http://www.samsunghospital.com/dept/main/bbsView.do?CID=15785&MENU_ID=006027&DP_CODE=DEP〉 [Accessed 13 October 2020].

www.donga.com. 2020. 가습기 살균제 피해자들 우울증 호소…심리적 후유증 심각. [online] Available at: 〈http://news.donga.com/3/all/20160427/77820645/1#csidx96194a6361ac895a3af70410b3b9512〉 [Accessed 13 October 2020].

가습기살균제 사건. Terms.naver.com. (2020). Retrieved 17 October 2020,

from http://terms.naver.com/entry.nhn?docId=1847190&cid=43667&category
Id=43667.

나도 혹시 우울증?…우울증 자가진단테스트. (2020). Retrieved 13 October 2020,
from http://www.k-health.com/news/articleView.html?idxno=4210

마인드힐 정신건강의학과 : 네이버 블로그. Blog.naver.com. (2020). Retrieved 17
October 2020, from http://blog.naver.com/mindheal2010/30163688361.

보울비의애착이론. (2020). Retrieved 13 October 2020, from http://blog.daum.net/
lifebible/8506842

블루캐쉬 [BLUE CASH] : 네이버 블로그. (2020). Retrieved 13 October 2020, from
http://blog.naver.com/PostView.nhn?blogId=heyeonsaju&logNo=22024817010

왕따경험 우울증 대학생 분신자살. Retrieved 13 October 2020, from https://
news.naver.com/main/read.nhn?mode=LSD&mid=sec&sid1=102&oid=001&a
id=0004539775

외상 후 스트레스 장애. (2020). Retrieved 13 October 2020, from http://www.
samsunghospital.com/home/healthInfo/content/contenView.do?CONT_SRC_
ID=09a4727a8000f2e0&CONT_SRC=CMS&CONT_ID=1523&CONT_CLS_
CD=001020001001

우울증의 증상과 발병율. (2020). Retrieved 13 October 2020, from http://m.blog.
daum.net/hypnotherapist/8739228

자살률 높은 '멜랑콜리아형' 우울증을 아십니까 :: 중앙일보헬스미디어. (2020).
Retrieved 13 October 2020, from https://jhealthmedia.joins.com/article/article_
view.asp?pno=9095